Miriam Wiegele

Zauberpflanzen

PFLANZENZAUBER • MYSTIK • GARTENPRAXIS

Miriam Wiegele

Zauberpflanzen

PFLANZENZAUBER • MYSTIK • GARTENPRAXIS

~ INHALTSVERZEICHNIS ~

~ INHALTSVERZEICHNIS ~

Vorwort

Soeben haben Sie die ersten Seiten eines Buches über Zauberpflanzen aufgeschlagen. Ist die Auswahl des Buches Zufall oder haben Sie gezielt nach dieser Thematik gesucht? Vielleicht gibt es ja den Zufall gar nicht wirklich? Die lexikalische Definition lautet: Zufall ist ein Begriff für alles, was nicht notwendig oder beabsichtigt geschieht. Ein alter Lehrsatz sagt: Zufall ist nur der Name für ein unbekanntes Gesetz.

Es kann auch kein Zufall sein, dass seit einigen Jahren eine wahre Flut an Büchern über Zauberei, Hexen und andere magische Themen über uns hereingebrochen ist. In einer Welt, in der Ordnung, Zuverlässigkeit und Berechenbarkeit hohe Güter sind, entwickelt sich im Gegensatz dazu ein Trend weg vom Geordneten, ein Wunsch, die Rationalität hinter sich zu lassen und in die Irrationalität, in magische Welten, einzutauchen.

Früher trennte man nicht so stark zwischen logisch-analytischem Denken und der Intuition.

Es waren sicher auch diese beiden Gegenpole, die es den Menschen ermöglichten, die Kräfte der Pflanzen kennen zu lernen und ihre verborgenen Eigenschaften zu erfühlen. Heute, wo die Menschen von Rationalität

dominiert sind, wird das Wissen um und der Glaube an die Kraft der Pflanzen gerne als „Aberglauben" abgetan, während man früher manchen Pflanzen so starke Kräfte zusprach, dass man in Situationen von Not und Bedrängnis ihre „Zauberwirkung" zu nutzen suchte.

Für die Suche nach Verwirklichung des Wunsches, mittels übernatürlicher Kräfte dem Druck des täglichen Lebens zu entkommen, hat sich ein großer Markt aufgetan: Gurus, die so genannte esoterische Wege zum Glücklichsein anbieten, Kurse mit detaillierten Anleitungen zu Hexenwissen, Kinderbücher über Zauberlehrlinge und vieles mehr.

Ich will mich von diesem Jahrmarkt der magischen Eitelkeiten distanzieren und stellte mir den Anspruch, den Menschen die Zauberwelt der Pflanzen wieder näher zu bringen. Die Geschichten über jene Zauberkräfte, die man den Pflanzen zusprach, sollen helfen – und das durchaus mit Augenzwinkern – sie vielleicht besser zu „begreifen". Mit diesem Wissen können wir in unseren Gärten Zauberinseln schaffen, Oasen für Körper, Geist und Seele.

Miriam Wiegele,
November 2002

Sagenhafte Zauberpflanzen

Was ist Zauberei?

Als Zauberei im weitesten Sinn werden üblicherweise alle Praktiken und Techniken bezeichnet, die dazu dienen, den Verlauf von Ereignissen auf übernatürliche Weise zu beeinflussen.

Unsere Welt ist eine Einheit, die aus zwei Polen besteht, und ihr Zusammenwirken erschafft alle Erscheinungen, die wir kennen. Man nennt diese Pole Gut und Böse, Licht und Dunkel, Tag und Nacht, Himmel und Hölle sowie Gott und Teufel. Der Mensch möchte in einer heilen Welt leben, möchte gesund, erfolgreich und glücklich sein.

Doch das Universum zeigt sich oft noch von einer anderen Seite. Ist der Mensch mit seiner Wirklichkeit nicht zufrieden, versucht er, sie zu verändern.

Entweder vertraut er einem göttlichen Ordnungsprinzip, das alles von selbst zum Besten reguliert, nimmt das „Schicksal" zur Kenntnis, oder versucht, Veränderung durch übernatürliche Manipulation zu erzwingen, durch Zauberei.

Zauberei und Magie

In jeder menschlichen Gemeinschaft gibt es Geschichten von Zauberern, von Menschen, die sich für gewöhnlich unsichtbare Kräfte zu Eigen machten, um der Gemeinschaft zu nützen, indem sie Kranke heilen, Verzweifelten helfen, Nöte abwenden, Fruchtbarkeit bewirken und die dunkle Seite des Universums bannen. Man bezeichnet es auch als weiße Magie, wenn damit ein positives Ereignis heraufbeschworen oder ein negatives verhindert werden soll.
Schwarze Magie zielt dagegen auf negative Wirkungen ab oder will positive vermeiden. Es gibt also ebenso Geschichten von Zauberern, die der Gemeinschaft schaden, indem sie Krankheiten und Tod schicken, Unglück säen, die Fruchtbarkeit zum Erliegen bringen und die helle Seite des Universums trüben.
Überall, wo es guten Zauber gibt, kennt man auch den bösen Zauber. Guter Zauber und böser Zauber sind aber wieder die Pole einer Einheit, sie spiegeln das Drama der Welt wider. Und wer zaubern kann, der kann beides: Gutes und Böses bewirken.

Werkzeug und Ritual

Um Zauberkräfte nutzen zu können, muss man Wissen erwerben, das Wissen um die inneren Zusammenhänge der Dinge, um die verborgenen Kräfte des Universums. Um Zauber zu erwirken, bedarf es aber nicht nur des notwendigen Wissens, es bedarf eines entsprechenden Rituals und eines geeigneten Werkzeugs: Der Zauber wird durch das Ritual aktiviert und durch das Werkzeug geleitet. Wer diese inneren Zusammenhänge kennt, kann auch die in den Dingen verborgenen Zauberkräfte erkennen und nutzen. Erst durch Wissen und Ritual wird eine Pflanze zu einer Zauberpflanze.

Damit können Zauberpflanzen zum Nutzen oder Schaden der Menschen eingesetzt werden.

Wenn wir nun all diese Betrachtungen zusammenfassen, können wir zu folgendem Schluss kommen: Ein Zauberer oder eine Zauberin ist ein Mensch, der sich besonderer Kräfte bedient, deren Anwendung nicht jedem Menschen möglich ist.

Zauberzeichen und Sprache

Zauberei und Magie können also je nach Betrachtung positiven oder negativen Beiklang haben. Das Wort „Zauber“ selbst wird etymologisch vom germanischen Wort „taufra, taubra“ abgeleitet, das wiederum auf das angelsächsische Wort „teafor“ für Roteisenstein oder Rötel zurückzuführen sein soll. Mit diesem roten Ocker wurden die Runen eingerieben, so dass Zauber ursprünglich „zauberkräftige Geheimschrift“ bedeutet hätte, denn das altgermanische Wort Rune war nicht nur ein Name für einen Buchstaben, sondern bedeutete zugleich Zauberzeichen.

Auch das englische Wort „spell“ bedeutet heute noch buchstabieren und zugleich Zauber. Die Verbindung von Magie und Sprache wird besonders deutlich, wenn man sich vor Augen hält, dass das englische Wort „glamour“, welches nicht nur Glanz, sondern auch Zauber bedeutet, wortgeschichtlich eine verwandte Form von „grammar“ ist: Grammatik und Zauberei entspringen also der gleichen Wurzel.

Die Wurzel des Wortes Magie soll dagegen aus dem Persischen stammen. Magu-shu wurden bei den Medern und Persern die Priester der Zarathustra-Religion genannt. Die Magier waren daher ursprünglich die Theologen und Wissenschafter – beides zugleich. Ihr Beruf war der eines Priestergelehrten, denn es gab noch keine gedankliche Trennung zwischen dem erlangten Wissen von und über die Welt und der Weltanschauung, der Religion.

Die Samenstände der Kuhschelle (Pulsatilla vulgaris) nennt man Teufelsbart.

Was sind Zauberpflanzen?

„In den Kräutern ist die ganze Kraft der Welt. Derjenige, der ihre geheimen Fähigkeiten kennt, der ist allmächtig“,

heißt es in einer altindischen Hymnensammlung.

In früheren Zeiten, als die Menschen ihr intuitives Fühlen noch nicht verloren hatten, konnten sie die „Krafft der Tugenden der Kräuter und allerhandt Erdtgewächse“ einfach erahnen.

Naturwissenschaftlich denkende Menschen nehmen an, dass in den Urzeiten der Menschheitsgeschichte nährende, heilende und giftige Pflanzen durch ein „Trial and Error“-System gefunden wurden, also durch Ausprobieren beziehungsweise durch Zufallsentdeckungen. Bei Naturvölkern findet man auch heute noch sensitiv veranlagte Menschen, die man als Schamanen bezeichnet. Hexen waren solche Schamaninnen und ihre wichtigsten Zauberwerkzeuge waren Pflanzen.

Da Heilen auch immer als magischer Vorgang gesehen wurde, trennte man nicht zwischen heilenden Pflanzen und solchen mit Zauberkräften.

Psychoaktive Wirkung

Eine besondere Rolle spielten die Pflanzen, denen wir heute psychoaktive Wirkung zuschreiben, Pflanzen, die halfen zu „dissoziieren“, in Trance zu fallen und damit aus der Alltäglichkeit zu treten. „Hagezusse“, „Zaunreiterin“ nannte man daher auch die Hexen auf Grund ihrer Fähigkeit, mit einem Fuß in der Realität zu bleiben und mit dem anderen in der Traumwelt, der Welt der Visionen und Imaginationen zu stehen. Mit Hilfe solcher Pflanzen konnten Hexen auf Seelenflug gehen und ihre besonderen Kenntnisse vermitteln. Sie verhalfen ihnen zu heilen, Liebestränke herzustellen, Unglück und bösen Zauber abzuwehren und Glück zu bringen.

An sich verdienen alle Kräuter die Bezeichnung „Zauberkräuter“, denn jede Pflanze hat ihren eigenen Zauber und ihr eigenes Wesen. Trotzdem war die Zahl der Pflanzen, die als besonders zauberkräftig betrachtet wurden, beschränkt.

Auffällige Blütenformen

Solche Zauber-Kriterien waren auffällige Blütenformen. Das Löwenmaul *(Antirrhinum majus)* ist ein Beispiel dafür, ebenso wie die Arnika *(Arnica montana)* mit ihrem an die Sonne erinnernden Blütenkranz. Die blutrote Farbe der Klatschmohnblüten erweckte genauso das Interesse wie das Kornblumenblau. Einer Pflanze wie der Wegwarte *(Cichorium intybus)*, die mit ihren himmelblauen Blüten immer nach Osten schaut und diese gegen Mittag schließt, wurden ebenso Zauberkräfte zugeschrieben wie der Eberwurz *(Carlina acaulis)*, deren Blüten fast ohne sichtbaren Stängel am Boden liegen und deren Blütenköpfe sich schließen, wenn schlechtes Wetter naht. Die Königskerze *(Verbascum bombyciferum)* erinnert mit ihrem Blütenstand tatsächlich an ein Licht, das von oben kommt, was sich auch in ihrem noch immer gebräuchlichen Namen „Himmelsbrand" ausdrückt. Im Gegensatz dazu sieht man der düsteren Blütenfarbe und der Zeichnung der Blüten des Bilsenkrautes *(Hyoscyamus niger)* ihre Giftigkeit und daraus resultierend ihre magische Funktion regelrecht an.

Besondere Wurzeln

Auch auffällige Wurzeln konnten zauberkräftige Eigenschaften signalisieren. Die menschenähnlich gestaltete Wurzel der Alraune *(Mandragora officinarum)* musste den Glauben wecken, dass man damit Menschen verzaubern kann. Die an Hoden erinnernden Wurzelknollen mancher Knabenkräuter (*Orchis* spec.) assoziierte man mit Liebeszauber. Das Salomonssiegel (*Polygonatum* spec.), der in den Abschnitten des Wurzelstockes siegelähnliche Eindrücke aufweist, soll seinen Namen daher haben, dass König Salomon damit Felsen gesprengt hat, die beim Bau seines Tempels im Wege standen. Das Salomonssiegel wurde so zu einer Zauberpflanze, mit der man Türen und Schlösser sprengen konnte, um zu verborgenen Schätzen zu gelangen.

Geruch und andere Besonderheiten

Biologische Besonderheiten konnten Pflanzen ebenfalls in „zauberischen" Ruf bringen, wie etwa die der Mistel *(Viscum album)*: Sie meidet die Erde und wächst auf Bäumen. Farnkräuter beschäftigten die Fantasie der Menschen vor allem deshalb, weil sie sich vermehren, ohne Blüten und Samen zu bilden, was zu vielen Vermutungen führte.

Pflanzen, deren jahreszeitlicher Wuchsrhythmus aus der Norm war, schrieb man auch Zauberkräfte zu, wie etwa der Christrose *(Helleborus niger)*, deren „Blum uff die Christnacht sich uffthuit und blüet" oder der Herbstzeitlose *(Colchicum autumnale)*, die schon 1485 im „Hortus Sanitatis" als „zytloiß" beschrieben wurde, als „eyn krut und bluet an dem ende desz herbstmonets". Auch Pflanzen mit auffallendem Geruch mussten eine zauberkräftige

Teufelsabbiss (Succisa pratensis)

Wirkung haben, so der aromatische Wohlgeruch der meisten Würzkräuter wie Dill und Dost. Man sagte, dass Hexen diesen Duft nicht ausstehen können und man sich damit gegen ihren Zauber schützen könne. Narkotische Blütendüfte wie die mancher Lilien oder der eigenartige Geruch des Baldrianwurzelstockes *(Valeriana officinalis)*, der Katzen wie magisch anlocken kann, sollten ebenfalls helfen, sich gegen Verzauberung zu schützen.

Hexenkraut (Circaea lutetiana)

Die Zaubernamen

Vielfach erzählen uns die Namen, die den Pflanzen gegeben wurden, von den Zauberwirkungen, die man ihnen zuschrieb. Der Teufelsabbiss *(Succisa pratensis)* hat einen Wurzelstock, der wie abgebissen aussieht. Denn man sagte, dass „der Teufel die Nutzung oder besondere Krafft dieser Wurtzeln dem Menschen mißguenne und … beisse sie deswegen in der Erde ab".

Wie das Hexenkraut *(Circaea lutetiana)* zu seinem Namen kam, ist leider nicht mehr nachzulesen. Diese absolut unauffällige und unscheinbare Pflanze steht auch keineswegs im Ruf der Giftigkeit. Trotzdem wurde sie offenbar in solcher Nähe zu Hexen gesehen, dass ihr auch als botanischer Name ein Hinweis auf die berühmte Zauberin der Antike, Kirke, gegeben wurde. Das Wissen um die Zauberkraft dieser Pflanze ist leider verloren gegangen. Vielleicht verhilft es aber zu einem neuen Verständnis, dass die *Circaea* in homöopathisch potenzierter Form bei Frauen zu einer frappant charismatischen Wirkung führt. Sie können Männer leichter „becircen".

Die geheimnisvollen Unbekannten

Groß ist die Zahl der als magisch bekannten Pflanzen, und doch wird man so manche vergeblich in den Lehrbüchern der Botanik suchen. Teils, weil ihren Beschreibungen und Namen zu wenig Hinweise auf reale Pflanzen zu entnehmen sind, teils, weil diese Pflanzen vielleicht auch lediglich in der Phantasie- und Wunschwelt existierten.

Moly und die Odyssee

Die berühmteste Zauberpflanze des klassischen Altertums war „Moly". In Homers Heldenepos „Odyssee" taucht sie erstmals auf: Es wird erzählt, wie Odysseus mit ihrer Hilfe seine Gefährten, die von der Zauberin Kirke in Schweine verwandelt worden waren, erlöste. Weiße Blüte und schwarze Wurzel – für eine Pflanzenbestimmung ist das nicht gerade viel, und schon im Altertum hat man gerätselt, um welche Pflanze es sich bei Moly wohl handeln könnte.

Theophrast, ein Schüler des Aristoteles, meinte, dass es ein Zwiebelgewächs sei, das der Meerzwiebel *(Urginea maritima)*, einer äußerst giftigen Pflanze, sehr ähnlich sein müsse.

Soma, eine Gottheit

In den altindischen vedischen Schriften wird die heilige Pflanze „Soma" gepriesen, die zur Gottheit und „Stütze des Himmels" erhoben wurde. Angeblich wuchs sie auf einem hohen Berg und der erste Mensch bereitete sich aus ihr einen Trank und weihte ihn Indra, dem Schöpfergott. Das Wissen um die botanische Identität dieser Pflanze ist ebenfalls verloren gegangen, aber sie soll berauschend, euphorisierend und aphrodisierend gewirkt haben.

Ethnobotaniker vermuten, dass es sich bei der Somapflanze um den Fliegenpilz *(Amanita muscaria)* oder eine andere psychoaktive Pflanze gehandelt haben könnte.

Suche nach der Wunderblume

Im Volksglauben tauchten immer wieder so genannte „Wunderblumen" auf. Geschichten wie die einer Frau, die unterwegs war, um für ihr krankes Kind Medizin zu holen und eine wunderschöne Blume fand, gibt es unendlich viele. Viele haben daraufhin nach der Wunderblume gesucht, aber niemand hat sie je gefunden.

Die klassischen Zauberpflanzen

Manchen Pflanzen wird sehr konkrete Zauberwirkung zugeschrieben, zum Beispiel den Liebeszauberpflanzen. Die klassischen Zauberpflanzen aber waren Pflanzen, von denen man meinte, dass sie Schlösser sprengen, zu Schätzen und Reichtum verhelfen, vor Hexenwesen und Spuk schützen und sogar unsichtbar machen können. Pflanzen also, die dem Menschen alles, was er sich an Zauberwirkungen nur wünschen konnte, vermitteln sollten.

~ DIE ALRAUNE ~

Mandragora officinarum
Familie der Nachtschattengewächse (Solanaceae)

Die berühmteste aller Zauberpflanzen war seit frühesten Zeiten die Alraune. „Alruna" ist die althochdeutsche Bezeichnung für mystische Wesen wie Elfen, aber auch für Alben, Kobolde und andere Gestalten, die mit Zauberfähigkeiten begabt sind und im Geheimen wirken. Später wurde dieser Name dann auf die Wurzel der Mandragora übertragen, einer Pflanze, die bei uns nicht heimisch ist, deren getrocknete Wurzeln aber als Zaubermittel seit alters ein geschätztes Handelsobjekt waren.

Alraune (Mandragora officinarum)

Was ist eine Alraune?

Die Mandragora ist nahe verwandt mit Pflanzen wie Tollkirsche, Bilsenkraut und Stechapfel und ebenso giftig. Ihr Aussehen und Wuchsverhalten unterscheiden sich aber sehr von ihren botanischen Verwandten und erfüllen mit ihrer Eigenart alle Kriterien einer Zauberpflanze. Ihre Heimat ist der Mittelmeerraum. Dort wächst sie vor allem auf Ödland und Schuttplätzen. Im Frühling bildet sich eine Blattrosette, aus der gestielte weiß-bläuliche Blüten erscheinen, die sich zu gelblichen Früchten, die kleinen Äpfeln gleichen, entwickeln. Noch während der Blüte beginnen die Blätter gelb zu werden und ziehen dann bald ein, so dass von der Alraune bis zum nächsten Frühjahr nichts mehr zu sehen ist. Noch auffälliger aber ist ihre Pfahlwurzel, die meist gespalten ist und daher in der Fantasie der Menschen mit Menschenbeinen verglichen wurde.

Zauber der Alraune

In alten Zeiten unterschied man die Alraunen je nach ihrer Wurzelform in „Männlein“ und „Weiblein“, wobei den ersteren die stärkere Wirkung zukam. Es war verständlich, dass jeder den Wunsch hatte, eine Alraune zu erwerben. Der Besitz der Wurzel bedeutete Hausglück, Gesundheit, Kindersegen, Reichtum und Ehre.

Der Alraun verdoppelte in der Nacht neben ihn gelegtes Geld, schützte den Wein vor dem Verderben und das Vieh vor dem Verhexen. Er verhalf zu günstigem Prozessausgang, ja, es gab nichts, zu dem der Alraun nicht imstande war. Daher kleideten die stolzen Besitzer die Wurzeln häufig wie Puppen in Samt und Seide und legten sie in kostbar ausgeschlagene Schächtelchen. Und oft wurde für dieses universelle Zaubermittel eine eigene Ecke eingerichtet, ähnlich einem „Herrgottswinkel“.

~ DER ALLERMANNSHARNISCH ~

ALLIUM VICTORIALIS, FAMILIE DER LILIENGEWÄCHSE (LILIACEAE)

Der Allermannsharnisch ist eine sehr dekorative Pflanze, die auf Matten und Wiesen in den Alpen wächst.

Oft wurde der Allermannsharnisch als „Alraun der kleinen Leute“ bezeichnet. Als solche wurde die Zwiebel dieser Pflanze auf den Märkten angeboten. Als Schutz gegen Behexungen hängten die Bewohner die Zwiebel in Hütten und Häusern auf oder vergruben sie unter der Türschwelle.

Den Namen hat die Pflanze vor allem daher, dass ihre Zwiebel von Fasern umgeben ist, die an einen kettenhemdartigen Harnisch erinnern. Daher war der Allermannsharnisch bei Rittern und Knappen als Amulett besonders begehrt. Er sollte sie hieb-, stich- und kugelfest machen und zusätzlich noch „Neunmalkraft“ verleihen. Möglicherweise heißt der Allermannsharnisch daher auch Siegwurz.

Auch Bergknappen schützten sich mit der Wurzel vor den Poltergeistern und Kobolden im Berg. Aber auch den Teufel konnte der Allermannsharnisch vertreiben. Als der Teufel einmal ein junges Mädchen verführen wollte, hielt ihm diese eine Wurzel des Allermannsharnisch entgegen. Da floh der Böse mit den Worten: „Allermannsharnisch, du böses Kraut, hast mir genommen meine junge Braut.“

Allermannsharnisch (Allium victorialis)

~ DIE MISTEL ~

Viscum album, Familie der Mistelgewächse (Viscaceae)

Als Zauberkraut ebenso berühmt wie die Alraune ist die geheimnisvoll auf Bäumen schmarotzende Mistel. Heilsam und Böses abwehrend, so bezeichneten schon die keltischen Druiden die Mistel. Sie nannten sie „Alles Heilende" und glaubten, dass die Zweige der Mistel direkt vom Himmel auf die Bäume gefallen seien.

Was ist eine Mistel?

Die Mistel ist ein Halbschmarotzer, der meist auf Obstbäumen, alten Pappeln, Tannen und Föhren wächst. Am bekanntesten ist zwar die Eichenmistel *(Loranthus europaeus)*, doch kommt diese äußerst selten und eher in warmem, südländischem Klima vor. Mit Hilfe von Senkern, die tief in das Holz der Wirtspflanze getrieben werden, holt sich die Mistel ihre Nährstoffe.

Sie behält auch im Winter ihr ledriges, grünes Blattwerk und verhält sich überhaupt so, als ob die Jahreszeiten sie nichts angingen. Die Mistel hatte daher für die Menschen immer etwas Unheimliches an sich.

Heilwirkung und Zauber

Die Heilwirkung der Mistel kannte man auch im Mittelalter. Eine Pflanze, die auf Bäumen wächst und „darum nicht auf die Erde fallen kann", wurde als unfehlbares Mittel gegen die „Fallsucht", die Epilepsie, gerühmt.

Im Volksglauben wurde die Mistel daher auch als Zauberpflanze schlechthin betrachtet. Eine Mistelbeere, in Silber gefasst, machte gegen jede Verhexung immun. Mistelamulette hat man in ländlichen Gegenden bis in die heutige Zeit getragen „wider die Berufung und den bösen Blick".

Brauchtum

Fand ein Mädchen eine Mistel auf einem Apfelbaum, war eine baldige Heirat in Aussicht. So galt die Pflanze als Glücksbringer und Fruchtbarkeitssymbol.

Das drückt sich auch in vielen Bräuchen aus. Vor allem in England ist es heute noch Brauch, Mistelzweige an die Decke zu hängen und sich darunter gegenseitig Glück zu wünschen. Besonders viel Glück bringt es Mädchen, von einem Mann unter solchen Mistelzweigen überrascht zu werden. Der Mann hat dann nämlich das Recht, das Mädchen zu küssen, und so etwas soll ja manchmal der Beginn einer glücklichen Ehe sein.

Mistel (Viscum album)

Beispiele für klassische Zauberpflanzen

Name lateinisch, deutsch	Zauber	Wuchshöhe in cm	Blütezeit (Monat)	Blütenfarbe	Standort
***Allium victorialis*, Allermannsharnisch**	Schutz, Kraft	30–60	VI–VII	gelb-weiß	○
***Arnica montana*,** Arnika	Glück, Wetter	30–60	VI–VIII	gelb	○–◐
***Carlina acaulis*,** Eberwurz	Wetter, Kraft	30	VII–VIII	silberweiß	○
***Cichorium intybus*,** Wegwarte	Schutz, Glück	bis 120	VII–VIII	blau	○–◐
***Circaea lutetiana*,** Hexenkraut	zum „Becircen“	20–60	VII–VIII	weiß-rosa	○–◐
***Colchicum autumnale*,** Herbstzeitlose	gegen Schaden	5–20	VIII–X	rosa-lila	○
***Helleborus niger*,** Christrose	Unsterblichkeitselixier	20	XII–III	weiß	◐–●
***Hyoscyamus niger*,** Bilsenkraut	Hexensalbe	30–60	VII–IX	gelb	○
***Mandragora officinarum*,** Alraune	Allzauberpflanze	30	III	hellviolett	○–◐
***Polygonatum* spec.,** Salomonssiegel	Glück, Geld	50	V–VII	weiß	○–◐
***Succisa pratensis*,** Teufelsabbiss	Schutz	bis 60	VII–IX	blau	○–◐
***Valeriana officinalis*,** Echter Baldrian	Schutz	bis 150	VII–IX	weiß-rosa	○–◐
***Verbascum bombyciferum*,** Königskerze	Wetter, Schutz	bis 180	VI–VIII	gelb	○
***Viscum album*,** Mistel	Allzauberpflanze	bis 50	II–V	gelb-grün	○–◐

Arnika (Arnica montana), Familie der Korbblütler (Asteraceae)

Von der „Krafft und Würckung“ der Pflanzen

„Ähnlichkeitsregeln“ und Signaturen der Pflanzen

Das Bemühen, Krankheiten, Gebrechen und Beschwerden zu verhüten und zu heilen, ist so alt wie die Menschheit. Immer waren es auch die Pflanzen, die sich dafür mit den in ihnen schlummernden Wirkstoffen anboten.

Der wahre Meister der Signaturkunde war Paracelsus, der lieber von den Kräuterfrauen und Wurzelgrabern lernte als in den Studierstuben der Universitäten:

Namenssignaturen

Augentrost
(Euphrasia spec.*)*

Leberblümchen
(Hepatica nobilis)

Lungenkraut
(Pulmonaria officinalis)

Magenwurz
(Acorus calamus)

Milzkraut
(Chrysosplenium alternifolium)

„Alles, was die Natur gebiert, das formt sie nach dem Wesen seiner Tugend und nichts ist, was die Natur nicht gezeichnet habe, und durch die Zeichen kann man erkennen, was im Gezeichneten verborgen ist.“

Kleine Signaturkunde

Nomen est omen? Pflanzennamen sind oft die Essenz jahrhundertealter Erfahrungen. Namen wie Augentrost *(Euphrasia* spec.*)*, Lungenkraut *(Pulmonaria officinalis)*, Magenwurz *(Acorus calamus)* oder Milzkraut *(Chrysosplenium alternifolium)* erzählen uns ganz deutlich, welche heilenden Kräfte man in ihnen erfühlte.

Paracelsus hat solche Namen sehr ernst genommen und empfahl sie als Anregung zu tiefer gehenden Studien.

Organsignaturen

Neben dem Augentrost zeigen vor allem blaue Blüten Sympathie zu den Augen, wie die Kornblume *(Centaurea cyanus)* oder die Wegwarte *(Cichorium intybus)*, die sich nach der Sonne wenden. Dagegen blicken uns die dunklen Beeren der Tollkirsche *(Atropa belladonna)* wie magische Augen an.

Über Organsignaturen könnte noch viel erzählt werden. Der Kürbis, der die Fähigkeit hat, Flüssigkeit zu speichern, erinnert durch seine Form an die Harnblase, und tatsächlich findet man

Wirkstoffe in den Kernen, die eine stärkende Wirkung auf die Blasenmuskulatur haben. Rhizome, also die Wurzelausläufer von Pflanzen, ähneln der Gestalt des Darmes. Kalmus *(Acorus calamus)*, aber auch die Exoten Ingwer *(Zingiber officinale)* oder Galgant *(Alpinia officinarum)* sind tatsächlich verdauungsanregend.

Der Frauenmantel *(Alchemilla vulgaris)*, dessen schüsselförmiges Blatt mit der Tauperle in der Mitte oft mit dem weiblichen Schoß verglichen wurde, ist tatsächlich „aller Frauen Heil" und hilft bei allen Frauenleiden.

Die „Urbeziehung" zwischen Rinde und Haut tritt bei der Birke *(Betula alba)* deutlich zutage. Schon in der Jugend schält sich die äußere Schicht der schneeweißen Rinde ab und Birkenblättertee hilft tatsächlich bei rissigen, schuppenden Hauterkrankungen.

Leberblümchen (Hepatica nobilis)

Lange wurde Paracelsus belächelt, weil er auf Grund der Dreiteilung ihrer Blätter eine Pflanze Leberblümchen *(Hepatica nobilis)* nannte. Heute wissen wir, dass die Leber tatsächlich drei Lappen hat und das Leberblümchen in homöopathischer Form bei Leberproblemen helfen kann.

Pflanzenstandort und Bedeutung

Es sind nicht immer nur das Äußere und die Erscheinungsform der Pflanze, die uns auf ihre inneren Qualitäten schließen lassen. Der wahre Kräuterkundige sollte auch ihren Standort beachten. Pflanzen, die im Feuchten wachsen, also ständig „nasse Füße" haben, helfen oft gegen Krankheiten, die durch nasse Füße entstehen, also gegen Erkältungen jeder Art. Ein schönes Beispiel dafür ist das Mädesüß *(Filipendula ulmaria)*, eine Pflanze, die auf feuchten Wiesen wächst und deren Inhaltsstoff Salicylsäure zur synthetischen Herstellung von Aspirin anregte.

Organsignaturen

Augen
Augentrost *(Euphrasia* spec.*)*
Kornblume *(Centaurea cyanus)*
Wegwarte *(Cichorium intybus)*
Tollkirsche *(Atropa belladonna)*

Harnblase
Kürbis

Darm
Kalmus *(Acorus calamus)*
Ingwer *(Zingiber officinale)*
Galgant *(Alpinia officinarum)*

Leber
Leberblümchen *(Hepatica nobilis)*

Weiblicher Schoß
Frauenmantel *(Alchemilla vulgaris)*

Haut
Birke *(Betula alba)*

Immergrüne Pflanzen symbolisieren nicht nur eine dauernde Wachstumsperiode, sie wurden auch immer als Symbol für ein langes Leben gesehen. Tatsächlich helfen sie oft gegen typische Altersleiden, wie das Immergrün *(Vinca minor)* gegen Altersvergesslichkeit.

Typische Signaturpflanzen für den Garten

Name lateinisch, deutsch	Signatur	Wuchshöhe in cm	Blütezeit (Monat)	Blüten- farbe	Standort
Acorus calamus, Kalmus, Magenwurz	Name	bis 150	VI–VII	grüne Blütenkolben	○–◐ Sumpfpflanze
Alchemilla vulgaris, Gemeiner Frauenmantel	Name, Blatt	20–50	VI–VII	unscheinbar	○–●
Centaurea cyanus, Kornblume	blaue Blüten	bis 90	VII–X	blau	○
Chrysosplenium alternifolium, Milzkraut	Name	10–15	III–VI	gelb	◐
Euphrasia **spec.,** Augentrost	Name, Blüten	10–30	VI–IX	weiß	○
Filipendula ulmaria, Mädesüß	Standort	bis 200	VI–VIII	weiß	○–◐
Hepatica nobilis, Leberblümchen	Name, Blatt	10	III–V	blau	◐–●
Pulmonaria officinalis, Echtes Lungenkraut	Name	15–30	III–IV	rot-blauviolett	○–◐
Vinca minor, Immergrün	immergrün	10	IV–V	blau	◐–●

Die „Urbeziehung" zwischen Rinde und Haut: Birkenblättertee hilft bei Hauterkrankungen.

Planetensignaturen und ihre Wirkungsbereiche

Früher war es dem Menschen leichter, mit Symbolbegriffen zu arbeiten, da das Denken damals nicht im heutigen Ausmaß logisch-analytisch ausgerichtet war. Doch es gibt „Urprinzipien", die es ermöglichen, das Denken jener Tage nachzuvollziehen. Diese Urprinzipien wurden, um sie besser verstehen zu können, nach den Planeten benannt. „Wie außen, so innen", ist der Lehrsatz des Hermes Trismegistos und das heißt auch, vom Makrokosmos auf den Mikrokosmos zu schließen. Daher hat man diese Urprinzipien nach den Planeten benannt, den kosmischen Grundkräften. Der Mensch als Mikrokosmos, als kleine Welt, trägt alle diese Urprinzipien in sich.

Mondpflanzen

Baldrian, Bilsenkraut, Birke, Christrose, Erle, Gurke, Hexenkraut, Jasmin, Kürbis, Mädesüß, Madonnenlilie, Melisse, Mistel, Nachtkerze, Nachtviole, Stechapfel, Taubnessel, Tollkirsche, Weide, Winde

Das Mondprinzip

In der äußeren Welt bestimmt der Mond Ebbe und Flut, das Brunftverhalten der Tiere und die Wachstumsrhythmen der Lebewesen. Im Menschen hat der Mond mit dem Monatsfluss und anderen Biorhythmen zu tun, beispielsweise lebt eine Hautzelle 28 Tage. Der Mond ist astrologisch das Gegenteil der Sonne, das passive, weibliche Prinzip. Daher regiert er das Flüssige im Körper, unter anderem die Lymphe, aber auch den Hormonhaushalt.

Bei den Pflanzen findet man das Mondprinzip im Keimen und Sprießen, aber auch im Faulen und Verrotten. Weiße Blüten zeigen eine Mondsignatur, die weiße Taubnessel *(Lamium album)* ist eine typische Mondpflanze. Pflanzen, die ihre Blüten erst am Abend öffnen und solche mit narkotisch betörenden Düften, vor allem, wenn sie diese Düfte erst abends entwickeln, repräsentieren das Mondprinzip. Die Nachtviolen *(Hesperis matronalis)* und die Madonnenlilie *(Lilium candidum)* zeigen es sehr deutlich. Aber auch alle wässrig aufgedunsenen Gebilde wie die Gurke und Melonen sind lunarer Natur. Ebenso solche mit Milchsaft wie Mohn und alle Wolfsmilchgewächse. Der Name Nachtschattengewächse bezeichnet mehr als deutlich, dass Pflanzen wie die Tollkirsche oder das Bilsenkraut den Menschen in „umnachtete" Zustände befördern können.

Das Merkurprinzip

Der flinke Götterbote, das ist Merkur, repräsentiert Beweglichkeit, Veränderung und Kommunikation. Er ist der Gott der Diebe und Gaukler, der Geschäftsleute und auch der Ärzte. Das Merkurprinzip regiert daher im Körper die Lungen, die auch das Sprechen und damit die Kommunikation erst ermöglichen, und die Nerven, die unseren Muskeln verhelfen, flink zu werden.

Als flinkem Gott unterstehen dem Merkur Pflanzen, die durch schnelles Sprießen und raschen Wandel gekennzeichnet sind. Es sind Pflanzen wie z.B. das Springkraut *(Impatiens glandulifera)*, die in einer Vegetationsperiode vom Samenkorn zu mannshoher Größe heranwachsen und fast baumartige Stängel entwickeln. Aus den rosa Blüten entwickeln sich im Herbst Samenkapseln, die beim geringsten Windhauch platzen und die Samen regelrecht herausschießen lassen. Merkurpflanzen sind auch Schlingpflanzen wie der Hopfen *(Humulus lupulus)*. Er hilft denen, die ständig überreizt sind, den Nachtschwärmern, die nicht einschlafen können.

Die schirmartigen Blütenstände der Doldenblütler signalisieren die Luftigkeit des beflügelten Götterboten. Sie helfen nicht nur gegen Luftigkeit im Bauch, sondern sie bringen auch die Leichtigkeit, die hilft, sich gegen Verzauberung zu wehren. Kümmel und Dill betrachtete man als die Pflanzen, die gegen Verhexen schützen sollten. Die zwiespältige Natur des Götterboten Merkur spiegelt sich in Pflanzen wider, die Blüten in Komplementärfarben haben, wie z.B. die Kuhschelle *(Pulsatilla vulgaris)*.

Kuhschelle (Pulsatilla vulgaris)

Merkurpflanzen

Akelei, Allermannsharnisch, Augentrost, Dill, Espe, Hibiskus, Hopfen, Kuhschelle, Lungenkraut, Mimulus, Petersilie, Springkraut, Teufelsabbiss

Das Venusprinzip

Venus, die Göttin der Liebe, offenbart sich in allen lieblichen Dingen, im zarten Frühlingsgrün, in schönen Blüten und sinnlich betörenden Düften. Vor allem die Farbe Rosa zeigt das Venusprinzip an und auch der süße Geschmack von Früchten.

Das Venusprinzip steht für Harmonie und Ausgleich, Schönheitssinn und Lebensbejahung. Venuspflanzen waren daher auch immer Bestandteile von Lebenselixieren. Die Venuspflanze schlechthin ist die Rose. Sie vereint zarte Blütenfarben mit sinnlichem Duft. Daher wird das ätherische Öl ihrer Blüten in der Aromatherapie zum Harmonisieren verwendet. Es hilft auszugleichen, wenn der Hormonspiegel schwankt, und zu besänftigen, wenn die Seele leidet, zum Beispiel bei Liebeskummer.

Eine andere typischen Venuspflanze ist der Frauenmantel. Die runde Form der Blätter, ihr lichtes Grün und die zarten, gelben Blüten zeigen ihren Venuscharakter und sie wurde auch immer als Schutzmantel für die Frau betrachtet.

Ähnliches kann man vom Apfel sagen: die Apfelblüten zeigen mit ihren zart errötenden Blüten die Nähe zur Venus ebenso wie die harmonisch runden Früchte mit ihrem süßen Wohlgeschmack. Daher ist es verständlich, dass man dem Apfel Liebeszauberkräfte zusprach.

Pflanzen wie Eibisch *(Althaea officinalis)* und Malve *(Malva silvestris)* offenbaren in ihren sanft rosa Blüten ebenso die Venussignatur und helfen nicht nur, wenn man heiser ist, wieder zu einer sanften Stimme zu kommen, sondern lassen sich auch zu Schönheitsmitteln verarbeiten.

Venuspflanzen

Apfel, Dost, Eibisch, Eisenkraut, Frauenmantel, Kirsche, Linde, Magnolie, Malve, Quendel, Rose, Schafgarbe, Tausendguldenkraut, viele Obstbäume, Ziest

Das Sonnenprinzip

Die Sonne regiert ein goldenes Lichtreich und teilt den Himmel in Tag und Nacht. Das Sonnenprinzip findet sich in Begriffen wie Vollkommenheit und auch Autorität, Vitalität und Lebenskraft. Die Sonne manifestiert sich in allen stolzen und edlen Wesen, z.B. in Tieren wie dem Adler oder dem Löwen, der als astrologisches Sternzeichen ja auch der Sonne zugeordnet ist.

Im Körper entspricht dem Sonnenprinzip das Herz und der Kreislauf, die die Vitalität eines Menschen ausmachen. Diese Sonnenkräfte strömen vor allem über das Sonnengeflecht (Plexus solaris) in den Körper ein. Auch die Augen gelten als Sonnenorgane, sind sie es doch, die die Sonne schauen.

Pflanzen mit Sonnensignaturen haben aufrechte und majestätische Gestalt. Die Sonne „zieht“ die Pflanzen in die Höhe, daher gibt Getreide wie Weizen besondere Vitalität. Sonnenblüten strahlen in Farbtönen von elfenbeinfarben bis goldgelb und drehen sich oft, wie die Sonnenblume *(Helianthus annuus)*, zur Sonne hin.

Pflanzen der Sonne wachsen natürlich am liebsten dort, wo sie ihre Kräfte ungehindert aufnehmen können. Daher ist das Johanniskraut *(Hypericum perforatum)* eine echte Sonnenpflanze.

Sonnenpflanzen

Adonisröschen, Alant, Arnika, Esche, Goldrute, Johanniskraut, Kamille, Königskerze, Labkraut, Ringelblume, Rosmarin, Sonnenblume, Weihrauch

Die goldgelben Blüten, die zu blühen beginnen, wenn die Sonne im Jahresablauf am höchsten steht und ihr bevorzugter Standort an trockenen, sonnigen Plätzen zeigen sehr deutlich, dass dies eine Pflanze ist, die Sonne ins Herz bringen kann und allen hilft, die verzweifelt und entmutigt sind.

Das Adonisröschen *(Adonis vernalis)* mit seinem sonnenhaften Blütenkranz ist in homöopathischer Form ein Herzmittel, und der Alant *(Inula helenium)* saugt die Sonnenkraft so stark in sich ein, dass sich die aromatischen ätherischen Öle in seiner Wurzel finden, was ungewöhnlich ist.

Sonnige Wirkung haben aber auch alle Pflanzen mit feurig-aromatischem Geschmack. Daher sind auch Gewürzkräuter wie Rosmarin *(Rosmarinus officinalis)* tonisierend und vitalisierend.

~ DER ALANT ~

Inula helenium, Familie der Korbblütler (Asteraceae)

Was ist der Alant?

Der Alant stammt ursprünglich aus Zentralasien und fand über die Klostermedizin Eingang in die Bauerngärten. Die ausdauernde Heilpflanze ist problemlos winterhart.

Der Alant ist eine Sonnenpflanze.

Der Alant zeigt uns in vieler Hinsicht seine Sonnensignatur. Seine Blüten sehen aus wie kleine Sonnenblumen.

Die Pflanze wird bis zu 1,5 m hoch und ist durch sehr große, längliche Blätter gekennzeichnet. Trotz der dominierenden Blattmasse ist die Beziehung der Pflanze zur Sonne so stark, dass sie deren Kraft bis in die Wurzeln bringt. Der Tee daraus bringt wärmende Wirkung in die Atemwege und dient der allgemeinen Kräftigung.

Zauberwirkung und Brauchtum

Der Alant wurde als Mittel gegen Verzauberung geschätzt. Insbesondere Kinder schützte man, indem man ihnen Alant in die Kleider nähte.

In vielen Gegenden war er Teil des Kräuterstraußes.

„Donnerkraut“ wurde er genannt, weil er der Zauberkraft wegen bei Gewittern vor dem ersten Donner gesammelt werden musste.

~ DIE BRENNNESSEL ~

URTICA DIOICA, FAMILIE DER BRENNNESSELGEWÄCHSE (URTICACEAE)

Eine absolut typische Marspflanze ist die Brennnessel: Brennende und beißende Blätter, sich überall zäh durchsetzend und andere Pflanzen verdrängend, das ist die Signatur des Kriegsgottes.

Das dem Mars entsprechende Metall ist das Eisen, und man findet es tatsächlich reichlich in der Brennnessel. Dem Kriegsgott entspricht auch die Farbe Rot, demzufolge ist die Brennnessel eine Pflanze, die Blut bilden und reinigen kann.

Ein Loblied auf die Brennnessel im Garten

Die Brennnessel ist eine Zeigerpflanze, die stickstoffreiche Böden erkennen lässt. Die Jauche aus ihren Blättern ist daher ein einfach herzustellender Stickstoffdünger.

Manchmal hilft die beißende Wirkung eines Brennnesselauszuges, Blattläuse zu vertreiben.

Zauberwirkung

In der germanischen Mythologie war die Brennnessel dem Gewittergott Donar zugeordnet und sollte daher helfen, vor Blitzschlag zu schützen. Als antidämonisches Mittel diente sie im Stall und sollte das Gemüse vor Vogelfraß und Raupen schützen.

Doch auch im Liebeszauber nützte man das brennende Kraut.

Die Brennnessel ist eine Pflanze im Marsprinzip.

Das Marsprinzip

Mars, der feurige, zornige Krieger, ist natürlich das Prinzip von Energie, Entschlossenheit, Kampfesfreudigkeit bis hin zu Aggression, Tatkraft und Willensstärke. Die Marskraft beflügelt im Körper die männliche Sexualfunktion, die Muskeln und die Galle.

Marspflanzen sind analog dazu alle stechenden, brennenden, sich aggressiv ausbreitenden Pflanzen und solche mit scharfem, beißendem Geschmack. Der feurige Mars wird auch durch rote Blütenfarben charakterisiert. Die Blätter der Kapuzinerkresse *(Tropaeolum majus)* haben scharfen Geschmack und ihre Blüten sind meist rot. Sie ist also eine echte Marspflanze und so erklärt sich vielleicht ihre „aggressive“ Wirkung gegen Bakterien.

Gleiches kann man von scharf schmeckenden Gewürzkräutern wie Meerrettich, Knoblauch, Senfkörnern und vor allem von den roten Chilischoten sagen.

Marspflanzen

Aronstab, Berberitze, Brennnessel, Distel, Eberwurz, Kapuzinerkresse, Klette, Knoblauch, Seidelbast, Sonnenhut, Stechpalme

Das Jupiterprinzip

Jupiter, der Herrscher über die Götter des Olymp, ist der „joviale“ Gott, der, mit Weisheit und Wohlstand reichlich begabt, diese Gaben auch gerne verteilt. Begriffe wie Gerechtigkeit, Großmut und Güte werden Jupiter zugeordnet.

Jupiterpflanzen

Eiche, Enzian, Lorbeer, Löwenzahn, Odermennig, Olive, Schöllkraut, Zaunrübe, Sanddorn, Rosskastanie, Walnuss

Zu den Gaben des Jupiter zählen somit Glück, Erfolg, Optimismus und auch Gerechtigkeitssinn und soziales Empfinden. Im Körper regiert das Jupiterprinzip den Aufbau und das Wachstum, organisch die Leber und alles, was zwischen fest und weich ist, also die Knorpel und Gelenke. Die Pflanzen, die das Jupiterprinzip symbolisieren, sind reife, hoch gewachsene Pflanzen. Bäume und auch ihre Früchte bringen Jupiterkräfte. Die Farbe des Jupiter ist das Gelbrot der Herbstblätter. Der Olivenbaum *(Olea europapea)* vermittelt mit dem Öl seiner Früchte die Kraft des Götterherrschers.

Die Jupiterpflanze schlechthin ist die Eiche *(Quercus* spec.*)*, unter deren Krone bei den Germanen der König thronte und Recht sprach.

Das Saturnprinzip

Blei, Steinbock, Zähne, Efeu, Grau und Winter – es ist nicht einfach, dafür Gemeinsamkeiten zu finden. Und doch entsprechen alle genannten Begriffe dem Saturnprinzip. Der älteste der Planetengötter ist der Hüter zur Schwelle der Welt, er ist der Herr der Zeit und der Sensenmann, der zum Ende führt, er ist der Lehrmeister auf dem langen Marsch zum Ziel. Das Saturnprinzip ist verdichtete Kraft, Verfestigung, Kristallisation und Konzentration.

Saturn trocknet die Pflanzen aus, daher sieht man symbolhaft dunkle, graue Pflanzen mit nadelartig zusammengezogenen Blättern diesem Prinzip zugeordnet. Selbstverständlich zählen Nadelgehölze wie die Eibe *(Taxus baccata)* dazu, aber auch alle Wermutgewächse mit ihrem grausilbrigen Laub und bitteren Geschmack.

Auch der Beinwell *(Symphytum officinale)* ist eine charakteristische Saturnpflanze mit Blättern, deren Grün ebenso gedämpft ist wie die Farbe der Blüten von weiß bis lila. Als Saturnpflanze hat der Beinwell heilende Wirkung auf die Knochenbildung. Immergrüne Pflanzen wie den Efeu *(Hedera helix)* zählt man ebenfalls zum Saturnprinzip und sie helfen tatsächlich bei Altersproblemen ebenso wie erdgeschichtlich „alte" Pflanzen. Der Schachtelhalm *(Equisetum arvense)* ist ein typisches Beispiel für Konzentration und Verdichtung und damit für Saturnkräfte.

Saturnpflanzen

Alraune, Bambus, Bärlapp, Beinwell, Christophskraut, Efeu, Eibe, Eisenhut, Farne, Herbstzeitlose, Holunder, Immergrün, Schachtelhalm, Thuje, Wacholder, Wegwarte

Schöne Pflanzen mit Planetensignaturen für den Garten

Name lateinisch, deutsch	Planet	Wuchshöhe in cm	Blütezeit (Monat)	Blütenfarbe	Standort
Hesperis matronalis, Nachtviole	Mond	60–70	VI–VII	lila	○–◐
Lamium album, Weiße Taubnessel	Mond	30–60	IV–X	weiß	◐–●
Lilium candidum, Madonnenlilie	Mond	100	VI	weiß	○–◐
Aquilegia vulgaris, Akelei	Merkur	bis 80	V–VI	blau	◐–●
Impatiens glandulifera, Springkraut verwildert!	Merkur	bis 200	VI–X	rosa	○–●
Pulsatilla vulgaris, Kuhschelle	Merkur	30	III–IV	hellviolett	○
Althaea officinalis, Eibisch	Venus	bis 200	VII–IX	rötlich-weiß	○
Malva silvestris, Wilde Malve	Venus	bis 150	VII–IX	rotviolett	○–◐
Rosa **spec.,** Rose	Venus	bis 250	V–IX	alle	○–◐
Adonis vernalis, Adonisröschen	Sonne	20	III–IV	gelb	○
Hypericum perforatum, Johanniskraut	Sonne	50	VI–VII	gelb	○
Inula helenium, Alant	Sonne	200	VII–VIII	gelb	○
Ilex aquifolium, Stechpalme	Mars	Strauch	V–VI	gelb	○–◐
Arum italicum, Aronstab	Mars	bis 30	V–VI	gelblich (rote Fruchtstände)	◐–●
Tropaeolum majus, Kapuzinerkresse	Mars	Kletterpflanze	VII–X	gelb, orange, rot	○–◐
Agrimonia eupatoria, Odermening	Jupiter	bis 80	V–VII	gelb	○–◐
Gentiana lutea, Enzian	Jupiter	bis 150	V–VI	gelb	○
Quercus **spec.,** Eiche	Jupiter	Baum	IV–V	unscheinbar (Früchte: Eicheln!)	○
Aconitum napellus, Eisenhut	Saturn	bis 150	VI–VIII	blau	○–◐
Actaea spicata, Christophskraut	Saturn	30–60	V–VI	weiß	◐–●
Artemisia absinthium, Wermut	Saturn	bis 100	VI–VIII	gelb	○

Wie man kräuterkundig wird

In Gesellschaften, in denen noch nicht materialistisch geprägtes westliches Denken vorherrscht, kann man auch heute noch Menschen mit besonderen Fähigkeiten finden, Menschen, die zaubern und heilen können, und Menschen, die einen intuitiven Zugang zu Pflanzen und Pflanzengeistern haben. In unserem Kulturkreis ist dieser Zugang zu den Kräutern vielfach verloren gegangen. Doch Kräuterkurse erfreuen sich neuerdings größter Beliebtheit.

Kräuterweibl und Wurzelsepp

Wahrhaft kräuterkundig zu werden heißt mehr, als sich botanische und pharmakologische Kenntnisse zu erarbeiten. Kräuterkundig zu werden heißt, auch die verborgenen Eigenschaften der Pflanzen zu erkennen und in Bezug zum Menschen zu bringen. Früher war das einfach – es gab in jedem Dorf ein Kräuterweibl oder einen Wurzelsepp, die genau wussten, welches Kräutlein gegen welche Krankheit gewachsen war. Leider sind solche Pflanzenspezialisten und auch kräuterkundige Großmütter selten geworden.

Pflanzenverständnis

Man kann sich jedoch bestimmte Voraussetzungen zum besseren Pflanzenverständnis selbst erarbeiten. Es kann nur jedem, der sich mit Pflanzen beschäftigen will, geraten werden, sich Kenntnisse zur botanischen Zuordnung und zu den Pflanzenfamilien anzueignen. Man muss dazu nicht unbedingt Botanik studieren. Oft werden botanische Wanderungen angeboten und auch gute Bestimmungsbücher können weiterhelfen.

Um Pflanzen zu begreifen, ist es auch wichtig, sie sinnlich zu erfassen, sie anzuschauen, zu befühlen, zu riechen und zu zerpflücken. Das Verkosten ist nur bei eindeutiger botanischer Zuordnung zu empfehlen und sollte schon beim kleinsten Zweifel tabu sein. Auf jeden Fall sollte man die wichtigsten Giftpflanzen kennen.

Eine der besten Möglichkeiten, mit Pflanzen vertraut zu sein, ist, sie selber anzubauen. So kann man beobachten, wie und unter welchen Verhältnissen sie keimen und wachsen, blühen und welken.

Um das Wesen der Pflanzen erfassen zu können, kann man die Bilder der Kräuter, die man beim täglichen Spaziergang entdeckt hat, am Abend in allen Einzelheiten vor dem inneren Auge abrufen. Dadurch kann das Bild der Pflanze in das Unterbewusstsein versenkt und vertieft werden. Will man diese Verinnerlichung stärken, kann es hilfreich sein, die Pflanzen zu zeichnen oder noch besser als Aquarell festzuhalten. Das wässrige Medium der Wasserfarben ist dem Pflanzenleben wesensmäßig sehr nahe.

Einen besonderen Zugang zu Pflanzen vermitteln uns Mythen, Sagen, Legenden und Märchen. Solch uralte Geschichten erweisen sich oft als Schlüssel zu den tiefer verborgenen Eigenschaften und Kräften der Pflanzen.

Kräuter sammeln und ernten

Kräuter, die ätherische Öle enthalten, erntet man, wenn sie zu blühen beginnen und am besten bei sonnigem Wetter, denn dann sind diese Öle besonders stark enthalten. Kurz vor Mittag ist die beste Zeit zum Schneiden. Keinesfalls sollte man Kräuter ernten, wenn es vorher geregnet hat.

Wer beim Ernten den Mondkalender berücksichtigen will, sollte Kräuter nicht an „Blatttagen" ernten (Wasserzeichen: Fische, Krebs und Skorpion). Günstig dafür wären die Blütentage (Luftzeichen: Zwilling, Waage, Wassermann).

Vorsicht beim Kräutersammeln in der Natur! In Naturschutzgebieten ist das Pflücken generell verboten. Sammeln Sie keine Pflanzen an Straßenrändern oder in der Umgebung von Industriegebieten, dort sind die Pflanzen zu sehr verschmutzt und belastet. Auch landwirtschaftlich genutzte Flächen sind zu meiden, hier kommen meist chemische Mittel zum Einsatz. Sammeln Sie nur Pflanzen, die Sie hundertprozentig bestimmen können und nehmen Sie auch bei reichlichem Vorkommen nur kleine Mengen mit, so dass das Überleben der Art nicht gefährdet ist.

Vorsicht, stark giftig: Die Herbstzeitlose

Magische Pflanzenzeiten

Kräuter sammeln im Jahresrhythmus

Früher war der Mensch viel intensiver eingebettet in den großen Rhythmus des Jahres. Dabei begleiteten ihn auch die Pflanzen, die eine große Rolle bei so manchen Jahreszeitenfesten spielten. Die achtteilige Jahresgliederung, welche die keltischen Hirtennomaden als Schema der Zeiteinteilung hatten, wurde bestimmt von den Sonnenwenden und den Tag- und Nachtgleichen, die die vier Kardinalzeiten bildeten. Vier Feiertage, die „Kreuz-Viertel-Tage", lagen genau zwischen den vier unbeweglichen, durch die Sonne bestimmten Kardinalpunkten. Diese „Zwischenfeiertage" wurden an den Vollmonden gefeiert und waren deshalb beweglich. Erst ein späterer Kalender fixierte die Daten auf den Beginn der Monate Februar, Mai, August und November. Diese acht Stationen galten als magische Zeiten, in denen der Mensch dem Göttlichen besonders nahe war. Für Heiler und Kräuterkundige waren diese Tage wichtig, nicht nur, weil dann die Pflanzen als besonders heilkräftig galten, sondern weil ihnen dann auch Zauberkräfte zugesprochen wurden.

Ringelblume (Calendula officinalis)

Maria Lichtmess

Das erste dieser Feste ist Maria Lichtmess. Dieses Fest läutete das Wiedererwachen der Natur ein. Die Frühlingsblumen, die das Ende des Winters anzeigten, galten als besonders heilkräftig. Wer die ersten drei Blüten von Veilchen, Gänseblümchen, Schlüsselblume und anderen Frühlingsboten, die er fand, schluckte, würde das ganze Jahr von Fieber, Zahnschmerzen und anderen Beschwerden verschont bleiben.

Frühlingsbeginn

Der nächste markante Punkt im Jahreskreis ist die Frühjahrs-Tagundnachtgleiche. Um diese Zeit suchten die Frauen die ersten grünen Kräuter. Die „grüne Neune" – Kräuter wie Brennnessel, Scharbockskraut, Gundelrebe, Brunnenkresse, Giersch und andere wurden gesammelt und zu grünen Suppen verarbeitet.

Walpurgisnacht

Die Nacht vor dem ersten Mai ist die Walpurgisnacht. Die Nacht, in der sich die Hexen auf den Flug machten, um in der „Anderswelt" den Pflanzengeistern begegnen zu können.

Viele Pflanzen gehören zum Walpurgisfest, vor allem solche wie der Bärlauch, der die bösen Hexen fernhalten soll.

Die Gundelrebe hilft, wenn man sie in der Walpurgisnacht pflückt, einen Kranz daraus bindet und ihn am nächsten Tag aufsetzt, die Hexen zu erkennen.

Johanni und die Johanniskräuter

Pflanzen, die um Johanni, den am 24. Juni gefeierten Geburtstag Johannes des Täufers blühen, genießen seit alters hohes Ansehen. Sie wurden nicht nur als besonders heilkräftig, sondern auch als Zauberkräuter betrachtet. Es war naheliegend, zu glauben, dass auch die Kräuter, die um diese Zeit blühen und gesammelt werden, Zauberkräfte haben müssten.

Schon am frühen Morgen des Johannitages sammelten junge Mädchen und Frauen bestimmte Kräuter, die sie zum Sonnwendstrauß zusammenbanden. Ein ähnlicher Kräuterstrauß wurde und wird noch immer zu Maria Himmelfahrt zusammengestellt, bei dem die Kräuteranzahl regional unterschiedlich ist, wobei beim Frauenstrauß die Zahl Sieben dominiert.

Beim Johanniskräuterstrauß war in den meisten Überlieferungen die Rede davon, dass „neun Kräuter zu Johanni" zu einem Strauß gebunden werden sollten.

Die als Johanniskräuter bezeichneten Pflanzen definierte man von Gegend zu Gegend verschieden, aber fast immer waren folgende Kräuter enthalten: Quendel, Bärlapp, Beifuß, Arnika, Eisenkraut, Schafgarbe, Ringelblume, Heilziest und natürlich das Johanniskraut.

Scharbockskraut (Ranunculus ficaria) wird im Frühling gesammelt.

~ DIE JOHANNISKRÄUTER ~

DAS JOHANNISKRAUT

***Hypericum perforatum*, Familie der Hartheugewächse (Clusiaceae)**

Kaum einer anderen Pflanze wurden von unseren Vorfahren so starke antidämonische und zauberabwehrende Kräfte zugeschrieben wie dem Johanniskraut. Daher nannte man es auch respektvoll Jageteufel oder Teufelsflucht. Den Namen Hartheu erhielt es dagegen vermutlich, weil seine festen Stängel ein hartes Heu liefern. Das Johanniskraut ist mit seinen strahlend gelben Blüten die Sonnenpflanze schlechthin und es wächst auch am liebsten dort, wo es die Sonnenkraft ungebremst aufnehmen kann. Deshalb sollte man ihm im Garten auch einen sonnigen Platz an Heckenrändern oder in der Wiese bieten.

Heilendes Kraut

Die Bezeichnung *Hypericum* kommt aus dem Griechischen und bedeutet „über (hyper) dem Bild (eikon)". Hypericum hilft, den menschlichen Geist über die krankhaften Einbildungen zu heben. „Phantasmata" nannte Paracelsus, dessen Lieblingspflanze das Johanniskraut war, diese bedrohlichen inneren Bilder und für ihn galt die Pflanze als „Arcanum, ein Universalmittel mit höchster Kraft". Das Johanniskraut, die Sonnenpflanze, bringt wahrlich Sonne und Licht in verzweifelte Herzen und wird auch von der Wissenschaft als Mittel gegen Depressionen empfohlen.

Botanik und Zauber

Hält man ein Hartheublatt ins Gegenlicht, sind unzählige Punkte zu erkennen: Es sind winzige, mit Öl gefüllte Drüsenzellen. Der Sage nach sollen diese „Löcher" vom Teufel stammen, der aus Wut über die Macht, die das Kraut über ihn besaß, die Blätter mit Nadeln durchstochen haben soll. Auch der botanische Artname *perforatum* weist auf diese „Durchlöcherung" hin.

Johanniskraut (Hypericum perforatum)

Zerquetscht man die Blüten, tritt roter Saft aus. Daher empfahl man Johanniskraut bei allen Beschwerden, die mit Blut in Verbindung stehen.

Doch auch als Liebesorakel wurde es verwendet, und am Johannistag gesammelt, sollte es vor Gewittern schützen: *„Hartenau und Dill macht's Gewitter still."*

DER QUENDEL

***Thymus serpyllum*, Familie der Lippenblütler (Lamiaceae)**

Der Quendel ist eine niedrig wachsende Thymianart, die auf sonnigen Wiesen und Böschungen bis hoch ins Gebirge vorkommt. Alte volkstümliche Namen deuten darauf hin, dass Quendel als Frauenpflanze betrachtet wurde. Bei den Germanen war er Freyja, der Göttin der Fruchtbarkeit, gewidmet. Er wurde „unser frawen bettstroe" oder „Liebfrauenstroh"

Quendel (*Thymus serpyllum*)

genannt. Dass man ihn aber nicht nur im deutschen Sprachraum als Frauenkraut betrachtete, geht aus der alten englischen Bezeichnung „Our Ladies Bedstraw“ oder dem dänischen Namen „Mariesengehalm“ hervor und bei den Slawen heißt er „Seelchen der Mutter“. Diese Namen erklären sich aus der Legende, dass sich Maria auf der Flucht nach Ägypten auf einem Bett voll Quendel ausgeruht haben soll.

Heilendes Kraut und Zauberwirkung

Die am Johannistag gesammelten Pflanzen verwendeten Schwangere als Tee bei der Niederkunft. Zusammen mit anderen aromatischen Kräutern legte sie die Hebamme der Gebärenden ins Lager. Auch stillende Mütter schätzten Tee aus Quendel. Da ihm besonders starke zauberabwehrende Wirkung zugesprochen wurde, sollte er als „Bettstroh“ wohl auch Mutter und Kind schützen. Aber auch zu einem Kranz gebunden wurde er in Stall, Scheune und Wohnhaus aufgehängt, um vor Unheil und Blitz zu schützen.

DER BÄRLAPP

***Lycopodium clavatum*,**
Familie der Bärlappgewächse (Lycopodiaceae)

Der moosähnliche Bärlapp war recht geheimnisumwittert und es war nicht verwunderlich, dass ihm besondere Zauberkräfte zugeschrieben wurden.

Was ist Bärlapp?

Die Bärlappgewächse bilden in der Abteilung der Farngewächse eine eigene Klasse. In den Winkeln der dachziegelartig angeordneten Blättchen sitzen Sporenbehälter. Diese enthalten Sporen, die sich als feiner, blassgelber Staub aus den Behältern schütteln lassen. Der ölige Sporenstaub, der viel Aluminium enthält, explodiert mit einem hellen Blitz und Knall, wenn er in die Flamme geworfen wird. Diesen dramatischen Effekt machten sich vermutlich schon steinzeitliche Zauberer zunutze. Im Volk wurde der Sporenstaub daher auch Blitzpulver oder Hexenmehl genannt.

Zauber und Brauchtum

Der Bärlapp wurde ebenfalls als wirkungsvolle, Zauber abwehrende Pflanze betrachtet. Man nagelte ihn an Stalltüren, um bösen Geistern den Eintritt zu verwehren. Zu einem Kranz gewunden wurde er als „Unruhe“ an die Decke von Schlafstuben gehängt. Stand dieser vom Luftzug sonst ständig bewegte Kranz still, meinte man, dass ein Unhold das Zimmer betritt. Die Hirten trugen Bärlapp am Hut, um sich gegen Zau-

Bärlapp (*Lycopodium clavatum*)

ber und Dämonen zu schützen. Namen wie Drudenkraut oder Düwelsrouken weisen auf den Glauben an die zauberabwehrende Wirkung hin.

DER BEIFUSS

***Artemisia vulgaris*, Familie der Korbblütler (Asteraceae)**

Ein echtes Johanniskraut ist der Beifuß, jener Verwandte des Wermut *(Artemisia absinthium)*, der fast überall an Wegrändern, Mauern und Hecken und, wenn man ihn wachsen lässt, in nahezu jedem Garten zu finden ist.

Beifuß (Artemisia vulgaris)

Zauber und Brauchtum

Beifuß war bei den Griechen Artemis, der Göttin der Wildnis und der Jagd, aber auch der Schutzgöttin der gebärenden Frauen geweiht, und war daher in der Antike ein gynäkologisches Zauberkraut. Die Germanen nannten den Beifuß Mugwurz, also „Machtwurz". Mugwort heißt er noch auf Englisch. „Mug" stammt vermutlich vom Keltischen „miegle", was wärmen bedeutet. Im archaischen Denken ist Wärme gleich Leben und Kraft und der Beifuß somit eine Kraft spendende Pflanze.

Der Name Beifuß ist aber auch auf das mittelhochdeutsche „biboz" (bozen = stoßen) zurückzuführen, da die Hausfrau die getrockneten Blüten für den Gänsebraten zerstieß.

Als wahres Johanniskraut, dachte man, müsste der Beifuß natürlich auch Dämonen vertreiben und Unheil abwehren. So wurden am Johannistag auch Kränze von Beifuß geflochten und im Stall oder Haus aufgehängt, um Böses fern zu halten.

DIE ARNIKA

***Arnica montana*, Familie der Korbblütler (Asteraceae)**

Zu den Pflanzen, die im Sonnwendbrauch eine große Rolle spielen, zählt auch die Arnika, die auf Moorwiesen und Heiden vorzugsweise im Alpenland verbreitet ist. Gerade im Johanni-Monat steht der „Bergwohlverleih" in schönster Blüte und hat, dann gesammelt, seine größte Zauber- und Heilkraft.

Heilendes Kraut und Zauberwirkung

Wolfsgele hieß diese Pflanze im 11. Jh., vielleicht, weil ihre gelben Blüten wie gelbe Wolfsaugen aussehen, aus denen die Bergsonne blitzt. Daraus wurde Wolferlei und schließlich Wohlverleih. Schon im Mittelalter vermutlich war die Blume eine wohlbekannte Heilpflanze, von der es hieß, dass sie „vom gemeinen Volk gebraucht, so hoch jemand hinuntergefallen oder sich sonst mit Arbeit verletzt habe, nehme eine Handvoll, siede's in Bier und trinke des morgens davon". Diese Verwendung trug der Pflanze einen weiteren Namen ein, nämlich „Fallkraut". Aus verschiedenen Johanniskräutern, aber vor allem aus Arnika, richteten sich die Kinder

Arnika (Arnica montana)

das „Johannisbett“ her, unter denen sich am nächsten Morgen Geld finden sollte.

DAS EISENKRAUT

Verbena officinalis; Familie der Eisenkrautgewächse (Verbenaceae)

Das Eisenkraut ist ein Zauberkraut mit uralter Tradition. Wie Arnika wurde es auch um das Feld gesteckt, um Unwetter vorzubeugen. Es war nämlich Donar, dem Hammergott, geweiht, der Blitz und Donner beherrscht und die Erde mit fruchtbarem Regen tränkt. Als Kraut im Sonnwendstrauß sollte es vor allem zu guter Ernte und Reichtum verhelfen.

Heilendes Kraut und Zauberwirkung

Eine so mächtige Zauberpflanze sollte auch in der Liebe Großartiges leisten können. Es sollte der Liebeskraft, sprich: der Männlichkeit, Eisenkraft verleihen und, als Amulett um den Hals getragen, den Träger oder die Trägerin bei allen Leuten beliebt machen. Um Kraft zu verleihen, gab man das Eisenkraut Wöchnerinnen, die ja in ganz besonderem Maß dem Angriff böser Geister ausgesetzt sind, um sie und ihr neugeborenes Kind zu schützen.

Eisenkraut (Verbena officinalis)

DIE RINGELBLUME

Calendula officinalis, Familie der Korbblütler (Asteraceae)

Auch die Ringelblume ist mit ihrer Sonnensignatur eine echte Sonnwendpflanze. Die goldgelbe Blume

Ringelblume (Calendula officinalis)

war einst der Liebesgöttin Freyja geweiht und wurde im Mittelalter „Sonnenkraut“ genannt, was sich darauf bezieht, dass ihre Blüten sich früh am Morgen öffnen und abends schließen, sich also nach der Sonne richten. Ihr botanischer Name *Calendula* kommt vermutlich von „calendis“, was lateinisch bedeutet „viele Monate blühend“, da sie von Johanni an bis zum ersten Frost blüht.

Brauchtum und Zauber

Im bäuerlichen Brauchtum war sie als Wetteranzeiger wichtig: Wenn sich die Blüten bis acht Uhr morgens nicht geöffnet hatten, konnte man am selben Tag mit Regen rechnen. Als Liebeszauberpflanze spielte sie ebenfalls eine Rolle.

DER ZIEST

Stachys officinalis, Familie der Lippenblütler (Lamiaceae)

Der Ziest, eine heute kaum mehr bekannte Heilpflanze, die auf trockenen, sonnigen Wiesen wächst, galt einst praktisch als Allheilmittel.

Ziest (Stachys officinalis)

Brauchtum und Zauber

Als Pflanze des Sonnwendstraußes wurde der Ziest in erster Linie gegen das „Beschreien" verwendet:

„Die beste Probe, ob ein Patient beschrien sey oder nicht, soo seyn, wenn man Zysche (Ziest) kochet und damit den Patienten badet, ... so lauft es zusammen, wenn er beschrien ist",

berichtet ein Kräuterbuch aus dem 18. Jahrhundert. Kinder und Haustiere, die als „verhext" galten, wurden in einem Absud von Ziest gebadet. Mit dem Badewasser wurde dann der böse Zauber weggeschüttet.

DIE SCHAFGARBE

Achillea millefolium, Familie der Korbblütler (Asteraceae)

Schafgarbe (Achillea millefolium)

Die Schafgarbe war ebenfalls Bestandteil des Sonnwendstraußes, weil sie zu dieser Zeit zu blühen beginnt. „Supercillium veneris", also „Augenbraue der Venus" war eines der Komplimente, das man der Pflanze im Mittelalter machte.

Heilendes Kraut und Zauberwirkung

„Schafgarbe am Leib tut wohl jedem Weib", war ein Merkspruch der Volksmedizin. Das kann auch die Wissenschaft bestätigen, Schafgarbentee hat tatsächlich eine günstige Wirkung auf Frauen, die auf Grund einer schwachen Beckenbodenmuskulatur unter Regelschmerzen leiden. Auch ihr botanischer Name *Achillea* nimmt Bezug auf die blutstillende Wirkung der Schafgarbe. Der Mythologie nach soll der griechische Held und Krieger Achilles von Aphrodite den Rat erhalten haben, die Wunde an seiner einzig verletzbaren Stelle, der Ferse, die durch einen Pfeil des Paris entstanden war, mit der blutstillenden Schafgarbe zu heilen. Daher galt die Schafgarbe jahrhundertelang als Mittel, um Verletzungen zu heilen, die durch Eisen entstanden sind. „Kraut der Zimmerleute" sagte man auch zur Schafgarbe, da dieser Berufsstand durch die Verwendung von Äxten, Hämmern oder Sägen besonders verletzungsanfällig ist.

Die Frauendreißiger

Wie das Johannisfest als Fruchtbarkeitskult sicher bereits seit germanischen Zeiten bestanden hat, darf man annehmen, dass auch das Fest Maria Himmelfahrt am 15. August ursprünglich ein reines Naturfest darstellte. Die zahllosen Formen üblicher Kräuterweihen an diesem Tag gaben dem Fest früh den Namen wie „Unser Frau Würzweih" oder „Büschelfrauentag".

Maria Himmelfahrt wurde der „große Frauentag" genannt, und die Zeit bis zum „kleinen Frauentag" Maria Geburt am 8. September galt als Zeit, in der die Natur den Menschen besonders freundlich gesonnen ist. Wenn Kräuter in dieser Zeit gesammelt werden, haben sie dreißigfachen Segen!

Die Zusammensetzung des Kräuterstraußes war von Landschaft zu Landschaft und von Ort zu Ort verschieden. Neun verschiedene Kräuter sollte er enthalten, dann heißt es wiederum, es seien nur sieben Pflanzen zu sammeln, ein andermal wieder 33, ja sogar 77 oder 99.

Meist bestand der Strauß aus einer Mischung von Wildkräutern und Gartenblumen, Heilkräuter durften natürlich auch nicht fehlen. Immer aber war in der Mitte des Kräuterstraußes die Königskerze *(Verbascum album)*, die im Volksglauben eine besondere Rolle spielt.

Herbstbeginn

Die Herbst-Tagundnachtgleiche wird auch heute noch mit Erntefesten gefeiert – je nach Region als Obsternte, Weinlese oder Nussernte, und die Gaben der Erde werden feierlich ausgestellt. Der 21. September ist der Matthäustag und in vielen Regionen mit besonderem Brauchtum verbunden. Die Mädchen flochten einen Kranz aus Strohblumen und einen anderen aus Stroh. Die Kränze wurden ins Wasser geworfen und ohne hinzusehen mussten die Mädchen nach ihnen greifen. Erwischten sie den grünen Kranz, gab's Glück und Hochzeit, während der Strohkranz Unglück und Krankheit bedeutete.

Allerseelen, Allerheiligen

Der letzte Kreuz-Vierteltag war das Totenfest Samain, aus dem Allerheiligen und Allerseelen wurde. Die dunkle Jahreshälfte beginnt, die Natur hüllt sich in kalte, graue Nebelschleier. Haselnüsse gehören zu den letzten Früchten, die geerntet werden. Der Haselstrauch galt seit jeher als Vermittler der Energien, die zwischen dem Jenseits und dem Diesseits fließen. Der graue, bittere Beifuß ist die letzte Heilpflanze, die gesammelt werden darf, und die Gans, die man zu dieser Zeit schlachtet, wird damit eingerieben.

Winterbeginn

Die Wintersonnenwende ist die dunkelste Nacht des Jahres und die Germanen dachten, in dieser Zeit stehe das Sonnenrad still. Deshalb trugen sie die kosmische Sonnenkraft auf die Erde nieder, indem sie das Feuer durch ihre Häuser trugen und diese mit Wacholder ausräucherten. Wer zum Ende des Jahres große Schalen mit Früchten auf den Tisch stellte, würde im künftigen Jahr keinen Mangel leiden. Also schenkte man sich gegenseitig Früchte, Nüsse und Zweige von immergrünen Pflanzen. Sie sollten als Symbol der ewigen Lebenskraft die bösen Dämonen verscheuchen.

Zauberhafte Ratschläge zum Kräutersammeln

„Ein jegliches hat seine Zeit, und alles Vornehmen unter dem Himmel hat seine Stunde.“

Das war ein Spruch des weisen Königs Salomo. Dieses Bewusstsein, dass jede Zeit, jeder Tag und sogar jede Stunde eine eigene Qualität haben, ist heutzutage fast völlig verloren gegangen. Der Welthandel und computergesteuerte Gärtnermethoden bescheren uns im Winter Obst und Gemüse, das früher nur im Sommer zur Verfügung stand, und Südfrüchte, die zur Vitaminbereicherung im Winter dienten, das ganze Jahr über. So geraten viele Menschen energetisch aus dem Gleichgewicht.

Die rationale Phytotherapie sieht Heilpflanzen nur als eine Ansammlung diverser Inhaltsstoffe und empfiehlt, Kräuter zu sammeln, wenn sie den höchsten Wirkstoffgehalt haben. Ätherische Öle beispielsweise, also jene Substanzen, die unsere Pflanzen duften lassen, sind gewissermaßen der Schutz der Pflanze gegen intensive Sonneneinstrahlung. Also erntet man Kräuter, deren Hauptinhaltsstoffe diese ätherischen Öle sind, um die Mittagszeit an strahlend sonnigen Tagen, es sollte am besten einige Tage vorher nicht geregnet haben, damit nur ja nichts von den kostbaren Wirkstoffen in den Boden gelangen kann.

Früher war das ganz anders. Man unterschied ja nicht konkret zwischen Heil- oder Zauberpflanzen, jede Heilung hatte auch übernatürlichen Charakter. Da war es wesentlich, die Qualität einer Pflanze zu heilenden oder magischen Zwecken dadurch zu verstärken, dass man zur richtigen Zeit am richtigen Ort und mit den richtigen Sammelritualen die Pflanzen erntete. Der Pflanzensammler musste sich vorübergehend von der oberflächlichen, geschäftigen Welt abkoppeln und „tief in den Wald“ gehen, um die „richtigen“ Pflanzen zu finden.

„Unbeschrien“ und nackt

Zur Magie des Kräutersammelns gehörte auch die Nacktheit. Das Sammeln von heil- oder zauberkräftigen Kräutern war eine rituelle Handlung, die auch das Ablösen vom Gewöhnlichen und Unreinen des täglichen Lebens miteinschloss. Mit der Nacktheit streift man die irdische Hülle ab. Innerlich gereinigt, nackt und unschuldig wie ein Neugeborenes sollte der Pflanzensammler sein.

Wenn nicht in sakraler Nacktheit, ging man zumindest barfuß oder mit ungekämmtem, aufgelöstem Haar.

Das Sammeln muss außerdem „unbeschrien“ geschehen, das heißt, man darf von niemandem gesehen werden. Man sah es als ungünstiges Omen, einem anderen Menschen zu begegnen. Sollte dennoch unverhofft jemand den Weg kreuzen, durfte der Pflanzensammler auf keinen Fall einen Gruß erwidern oder auch nur ein Wörtchen sagen. Zudem sollte er auch nie nach hinten schauen oder sich irgendwie ablenken lassen.

Mit bloßer oder linker Hand

Bestimmte Pflanzen sollten keineswegs mit der bloßen Hand ausgegraben werden: Einzige Ausnahme, die Pflanzen des „Kräuterbuschens“ (Kräuterstraußes), der zu Maria Himmelfahrt geweiht wird, sollen nicht mit Messern geschnitten werden, sondern mit bloßer Hand abgerissen werden. Wichtig ist auch, dass die Pflanzen mit der linken Hand, der „zum Herzen stehenden“, gebrochen werden.

Die Königskerze (Verbascum spec.) war herausragender Mittelpunkt des „Kräuterbuschens“, der zu Maria Himmelfahrt geweiht wurde.

Das Zwiegespräch

Pflanzen sind beseelte Wesen, davon war man früher überzeugt und sensible Menschen glauben das auch noch heute. Man musste also mit der Pflanze reden und ihr erklären, warum man ihr Selbstopfer, ihr Ausgraben oder Abschneiden, verlangte.

Dazu war es auch üblich, der Pflanze zu „erklären", gegen welches Leiden und welcher Person sie helfen solle. Die Zauberkraft konnte auch verstärkt werden, wenn man beim Ernten auch gleich den passenden Zauberspruch dazu murmelte.

So wurde Frauen empfohlen, wenn sie Dillsamen ernteten, folgenden Spruch zu sagen:

„Ich bring in die Küche Kümmel und Dill, jetzt muss mein Mann tun, wie ich will."

Ein Selbstopfer verlangt auch ein Opfer. Nachdem man die Pflanze unter Lobpreisungen geerntet hatte, musste man seinen Dank in Form eines Geschenkes kundtun.

Bei vielen indianischen Stämmen ist es heute noch üblich, etwas Tabak als Opfer und Dank auszustreuen. In unserem Kulturkreis waren es oft ein wenig Milch, Honig oder Met, auch Bier und Getreidekörner.

Die richtige Zeit

Um Heilpflanzen Zauberkräfte zu verleihen, ist es wichtig, den richtigen Zeitpunkt zu wählen. Heute wird solcherlei oft als „Aberglauben" belächelt, obwohl es in der Biologie Erfahrungswerte gibt, die einen Bezug zwischen Erntezeitpunkt und Wirksamkeit einer Pflanze nahelegen. Heilkräuter wurden allgemein in den frühen Morgenstunden gesammelt. Die Morgendämmerung, die Grauzone „zwischen Nacht und Tag", wenn alles noch feucht vom Tau ist und die Vögel beginnen, die aufgehende Sonne mit ihrem Gesang zu begrüßen, ist die beste Zeit, Leben bringende Kräuter zu pflücken.

Zauberkräuter wurden dagegen am besten am Abend gepflückt, wenn die Fledermäuse ausschwärmen und die Sonne blutrot in die Tiefe der Nacht versinkt. Auch Wurzeln grub man in den Abendstunden, nachdem die tagsüber eingesogenen Kräfte in den Wurzeln gespeichert sind. Nur wenige Zauberpflanzen, wie die Nachtschattengewächse, wurden vornehmlich in den dunklen Nachtstunden geholt.

Ernte nach dem Mond

Sehr modern ist es geworden, den Mondstand sowohl beim Anbauen als auch beim Ernten zu beobachten. Daher braucht hier sicher nicht darauf hingewiesen zu werden, dass man bei zunehmendem Mond oberirdische Pflanzenteile sammelt und bei abnehmendem Mond die Wurzeln. Der Vollmond wurde keineswegs als günstig zum Sammeln betrachtet, wie das heutzutage in vielen „Mondbüchern" nachzulesen ist. Das Mondlicht nimmt den Pflanzen jegliche Kraft, sie brauchen viel Sonne und wenig Mond. Kurz nach Neumond, wenn die Mondsichel noch ganz klein ist, wurden die Kräuter geschnitten.

Genauso wichtig ist es aber auch, auf den Mondstand zu achten. Wenn der Mond absteigend ist, wenn er vom Sternzeichen Zwilling zum Schützen geht, gräbt man Wurzeln und Knollen. Wenn er aufsteigend ist, das heißt vom Schützen wieder zum Zwilling wandert, erntet man Blätter und Blüten.

Ernte nach Planetensignaturen

Heilqualitäten von Pflanzen kann man verstärken, wenn man den der planetarischen Signatur entsprechenden Tag und die passende Zeit zum Ernten nutzt.

Eine Mondpflanze wie das Bilsenkraut, aber auch Zwiebeln und Lilien, erntet man am Montag und natürlich in den Nachtstunden. Die Brennnessel als Marspflanze erntet man am Dienstag und vor Sonnenaufgang. Doldenblütler als Merkurpflanzen werden am Mittwoch am frühen Vormittag geerntet. Es gibt auch Planetenstunden, die in der Literatur aber sehr unterschiedlich angegeben werden. Marszeit ist die frühe Nacht vor Sonnenuntergang oder vor Sonnenaufgang. Die Sonnenstunde fällt in die Morgen- oder Abenddämmerung, der Mond regiert, so verwunderlich es klingt, die Mittagszeit. Nach Sonnenaufgang und kurz vor Sonnenuntergang dominiert die Venus, und Merkurzeit ist am Vormittag und frühen Nachmittag.

Was bleibt an „zauberhaften" Ratschlägen zum Kräutersammeln für die heutige Zeit? Sammeln ist ein Ritual und erfordert innere Ruhe. Pflanzen verdienen unsere Liebe und Ehrfurcht, eine innere Zwiesprache mit der Pflanze beim Ernten kann sicher nicht schaden. Sammeln Sie bitte nicht wahllos, ziellos, rücksichtslos und gierig, Sie werden sehen, die Pflanzen werden es Ihnen danken.

Ernte nach Planetensignaturen

Montag: Mond-Tag
Dienstag: Mars-Tag
Mittwoch: Merkur-Tag
Donnerstag: Donars-Tag
Freitag: Venus-Tag
Samstag: Saturn-Tag
Sonntag: Sonnen-Tag

Dill (Anethum graveolens) ist eine Merkurpflanze.

Zauber-pflanzen für Anfänger

Romantische Liebe und die Sprache der Blumen

Blumensprache und Liebeskräuter

Die Liebe spielt im Leben des Menschen eine zentrale Rolle. Sie schafft die Voraussetzungen für ein gutes Zusammenleben von Mann und Frau und macht Lust auf den Akt der Fortpflanzung. Man könnte sagen, ohne Liebe gäbe es vielleicht keine Menschen.

Daher suchte der Mensch zu allen Zeiten nach Mitteln und Wegen, das Liebesgefühl des Partners zu wecken und zu erhalten. Dabei bediente er sich der Gaben der Natur, aber um das Ziel seiner Wünsche zu erreichen, versuchte er es auch mit Zauber und Magie. Pflanzen, denen man magische Wirkung zuschrieb, standen daher oft im Mittelpunkt solcher Praktiken. Die Zauberkräuter Amors sollten den gewünschten Partner binden, sie sollten Männer stark machen und als Schönheitsmittel den Zauber der Frauen verstärken. Liebespflanzen sollten aber auch die Fruchtbarkeit mehren und die Geburt erleichtern. Manchen dieser Pflanzen, vor allem den Nachtschattengewächsen, wurden so starke magische Kräfte zugesprochen, dass es ausreichte, sie im Rahmen von Zauberritualen einzusetzen.

Aphrodisiaka

In unserer aufgeklärten Welt glaubt man, auf Zauberpflanzen verzichten zu können, wenn es darum geht, einen begehrten Mann oder eine geliebte Frau zu erobern.

Aphrodisiaka sind mehr als simple Heilmittel oder Medikamente, die verschiedene Formen von Impotenz oder Frigidität bekämpfen können. Benannt sind solche Mittel nach Aphrodite, der Göttin der Liebe, und zwar nicht einer idealisierten Liebe, sondern der fleischlichen, lustvollen Liebe. Als Aphrodite, die aus dem Schaum Geborene, aus den Fluten des Meeres stieg, war sie nackt und verführerisch. Sie besaß ein wunderbares Mittel, einen Zaubergürtel:

„Drin waren alle die Zauber enthalten,
drin war Liebe und Liebesverlangen,
wie es schon oft verständigen Männern
die Sinne berückt hat“,

beschreibt eine orphische Hymne die Wirkung dieses Zaubergürtels. Der Zaubergürtel sollte Liebe wecken, wo keine vorhanden war, Liebesbegehren entfachen und erotische Abenteuer einleiten. Da die Menschen nicht

Tränendes Herz (Dicentra spectabilis)

über den Zaubergürtel der Aphrodite verfügten, versuchten sie diese Wirkungen eben mit Hilfe von Zauberpflanzen zu erreichen. Vielleicht könnten solche Pflanzen auch in das Liebesleben moderner Menschen wieder Romantik, Sinnlichkeit und aufregendes Prickeln bringen.

Wenn im Mittelalter ein Ritter seine Dame „meine Rose" nannte, wollte er damit ausdrücken, dass sie für ihn eine Freude für Augen und Herz war und eine duftende Göttin der Liebe. Die Rose war das Symbol für Liebe, Schönheit und Perfektion, das klassische Sinnbild einer Venuspflanze. Könnte man nicht auch in der heutigen Zeit den Zauber, den die Pflanzen auf den Menschen ausüben, wieder dazu nutzen, durch die Symbolkraft der Blumen Gefühle auszudrücken, für die man sich vielleicht scheut, die richtigen Worte zu finden? Viele Erzählungen, die von der Entstehung von Pflanzen berichten, sind Liebesgeschichten. Antike Sagen sind da wahre Fundgruben. Einige Blumen sollen aus den Blutstropfen oder Tränen unglücklich Liebender entstanden sein oder aus schönen Mädchen, die vor liebeskranken Verehrern flohen, die ihnen nachstellten.

Sag es durch die Blume

Der Name des Vergissmeinnicht – seit langem ein Sinnbild der Liebe und der Erinnerung – geht auf eine Sage von einem Ritter und seiner Angebeteten zurück, die am Ufer eines Flusses spazieren gingen. Das Fräulein erblickte auf der anderen Seite des Flusses himmelblaue Blüten. Als der Ritter ihr diese Blumen bringen wollte, glitt er aus und wurde von einer Woge des Flusses mitgerissen. Er warf dem Fräulein das Sträußchen zu und konnte gerade noch rufen: „Vergiss mein nicht".

Die Verwendung der symbolischen Sprache von Blumen, eben der „Blumensprache" war eine verbreitete Form der Kommunikation in China und Indien. Eine ausführliche Blumensprache entstand in den Serails des Vorderen Orients, zum Austausch von stummen Botschaften verbotener Liebe.

Eine abenteuerlustige englische Schriftstellerin, Lady Mary Wortley Montagu, konnte bei ihren Reisen im 18. Jahrhundert einige Geheimnisse dieser Blumensprache erforschen. Durch ihre Schriften wurde sie auch in England bekannt. So wurde diese Form der Kommunikation im viktorianischen England sehr populär, denn sie erlaubte es, trotz der vornehmen Zurückhaltung, die im

Blumensprache

Dahlie: Ein Blick deiner Augen versengt mich
Eisenhut: Gefahr
Goldlack: Treue in schwierigen Zeiten
Kamelie: perfekte Schönheit
Levkojen: Bescheidenheit
Lila Flieder: erste Liebe
Lilie: Unschuld
Maiglöckchen: Das Glück kommt wieder
Narzisse: Hochachtung
Rittersporn: Hochmut
Rose, gelb: verlöschende Liebe
Rose ohne Dornen: Ich kann dir nicht widerstehen
Rose, rot: Ich liebe dich
Rose, wilde: Ich verschmähe dich
Tulpe: Ruhm
Veilchen: Treue

Salbei (hier Salvia officinalis 'Tricolor') vermittelt Häuslichkeit.

Beispiel für einen Brautstrauß:

Beifuß, Frauenmantel und Efeu, Lavendel, Minze, Mitte rosa Rose, Myrte, Rosmarin, Salbei, Thymian

Umgang von Mann und Frau verlangt wurde, seine Gefühle auszudrücken.

Leider ist uns die Kenntnis der Blumensprache großteils verloren gegangen. Aber auch heute noch spricht man „durch die Blume", wenn man etwas indirekt klar machen will. Es wäre also durchaus wünschenswert, diese zauberhafte Variante der Übermittlung symbolischer Botschaften wieder aufleben zu lassen.

Eigentlich ist die Blumensprache ganz einfach: Sie ist die in Worte umgesetzte Signatur der Pflanzen. Der Dichterfürst Goethe machte sich über diese Blumensprache lustig:

„Amaranthe – ich sah und brannte
Jasmin – nimm mich hin
Veilchen – warte noch ein Weilchen
Nelken – soll ich verwelken?"

Die Blumennamen

Bei vielen Blumen erzählt uns schon ihr Name, welchen Zauber diese Pflanzen auf Menschen ausüben. Es gibt eine große Anzahl von Blumen, deren liebliche Namen zeigen, dass sie mit Liebe in Verbindung gebracht wurden. Solche Namen findet man in allen Sprachen. So heißt das Vergissmeinnicht in der englischen Sprache „forget-me-not", französisch „ne m'oubliez pas", schwedisch „forgetmigej", italienisch „nontiscordardimè", chinesisch „Wu WangCao", gleichbedeutend mit „Nicht-Vergessen-Kraut" und japanisch „Wasurena Gusa", was ebenfalls Vergissmeinnicht bedeutet.

Symbolsprache der Kräuter

Basilikum: gute Wünsche
Beifuß: Ausdauer
Efeu: eheliche Treue
Frauenmantel: Schutz
Kerbel: Aufrichtigkeit
Lavendel: Glück
Lorbeer: ewige Liebe
Minze: Tugend, Reinheit
Myrte: Liebe
Rosmarin: Erinnerung
Salbei: Häuslichkeit, Gesundheit
Thymian: Mut

Viele Beispiele für zauberhafte Pflanzennamen findet man im Englischen. Fuchsschwanz sagt man bei uns zum *Amaranthus caudatus*. Die Engländer nennen ihn „love-lies-bleeding", und wenn man den blutroten, hängenden Blütenstand betrachtet, wird man mit etwas Fantasie an ein aus Liebe blutendes Herz erinnert. Die Jungfer im Grünen *(Nigella damascena)* wird „love-in-a-mist" genannt, was wörtlich Liebe im Nebel bedeutet und vermutlich verschleierte Liebe ausdrücken soll. Heiterer dagegen ist der Name, den Shakespeare dem Stiefmütterchen im Sommernachtstraum gab, nämlich „love-in-idleness", was soviel wie Muße zur Liebe bedeutet. Im englischen Volksmund wurde es zu „kiss-me" oder „cuddle-me", hätschel mich, knutsch mich; romantische Pflanzennamen für zauberhafte Pflanzen.

Fuchsschwanz (Amaranthus caudatus)

~ DIE ROSE ~

Rosa subsp., Familie der Rosengewächse (Rosaceae)

Die Rose war schon immer das Symbol der Schönheit und Liebe. Bei den Ägyptern galt sie als Sinnbild der Vollkommenheit und viele Legenden ranken sich um ihre Herkunft. Fast immer bringen die Mythen vieler Völker sie in Zusammenhang mit Göttinnen der Liebe und Fruchtbarkeit. Vor allem war die Rose die Venuspflanze schlechthin.

Im antiken Rom wurde sie aber auch zum Sinnbild von Laster und Ausschweifung, da ein regelrechter Kult mit ihr bei Festen und Gelagen getrieben wurde. Die frühen Christen mussten zwangsläufig das Symbol „Rose" entweder verstoßen oder verwandeln.

Mit dem Tod in Verbindung gebracht wurde die Rose auch bei den Germanen. Die wilde Rose war der Hagedorn.

Der germanische Urwald war sicher ein Gewirr von Stacheln und Dornen – es ist also nicht erstaunlich, wenn der Anblick der Stacheln den der Blumen überdeckte. Die Heckenrose hatte daher nichts mit Liebe zu tun, sondern mit Blut und Kampf. Die Rosengärten Laurins sind die Schlachtfelder, auf denen die gefallenen Kämpfer begraben wurden.

Doch auch als Liebesorakel spielte die Rose eine wichtige Rolle. Blühten nämlich gleich drei Rosen an einem Stiel, stand eine Hochzeit bevor. Warf ein Mädchen Rosenblüten in einen Bach und schwammen zwei Blätter aufeinander zu, so war ein Bräutigam in Aussicht. Bei der Taufe überreichten die Paten einen Strauß mit Rosenknospen. Je länger diese frisch blieben, desto älter würde das Kind werden. Das erste Badewasser eines Säuglings schüttete die Hebamme unter einen Rosenstrauch, das sollte schöne rote Wangen geben.

Heilwirkung

Als Heilmittel wurde die Rose seit dem klassischen Altertum geschätzt. In den alten Kräuterbüchern sind den Rosen viele Textseiten gewidmet und es wird ihre stärkende und kühlende Wirkung gelobt.

„Die Rosenknospe erinnert an die menschliche Hirnschale mit ihren Fugen und Nähten", heißt es in einer Signaturlehre. Daher empfiehlt ein Kräuterkundiger Rosen gegen Kopfschmerzen, *„man nehme rothe Rosenblätter und ein wenig Weizenmehl, mit Essig untereinander gemischt, … bis es pflasterdick wird, danach auf leinen Tuch … über die Schläfe gelegt."*

Was ist eine Rose?

Die Gattung *Rosa* lieh ihren Namen von der Pflanzenfamilie der Rosengewächse (Rosaceae). Zu ihnen zählen Pflanzen wie der Frauenmantel oder das Mädesüß, aber auch die Erdbeeren, Himbeeren und vor allem die meisten unserer Obstgehölze wie Äpfel, Kirschen, Pflaumen oder Pfirsiche. Man merkt, dass darunter viele Venuspflanzen enthalten sind.

Die Rosengewächse haben mit wenigen Ausnahmen einen fünfzähligen Blütenaufbau, was man besonders bei den Wildrosen schön beobachten kann. Die Redensart „Keine Rose ohne Dornen" lässt Botaniker aufseufzen, die Rose trägt nämlich keine Dornen, sondern Stacheln. Dornen wachsen wie bei der Schlehe aus dem Holz, Stacheln sind dagegen Organe

~ DIE ROSE ~

der Rinde. Die Botaniker mögen recht haben, aber sollen wir nun auch das Dornröschen umbenennen? Übrigens gibt es keine Regel ohne Ausnahmen, die alpine Wildrose *Rosa pendulina* ist stachellos. Vermutlich waren es die Perser, für die das Wort Rose gleichbedeutend mit Blume war, die vor 4000 Jahren begannen, Rosen zu veredeln. Heute gibt es sehr viele verschiedene Rosensorten. Sicher ist, dass durch dieses große Angebot sich für jeden Standort die passenden Rosen finden lassen. Besonders verführerisch ist der nostalgische Charme historischer Rosen, deren „Fehler", nur einmal zu blühen, von englischen Rosenzüchtern weggezüchtet werden konnte.

Standort und Ansprüche

Rosen lieben einen freien, nicht gerade windigen, aber gut belüfteten Standort. Sie wollen viel Licht, was nicht immer viel Sonne heißen muss, daher eignen sich auch Ost- und Westlagen gut für Rosen. Der beste Rosenboden ist tiefgründig und humos, er lässt Regenwasser schnell ablaufen. Die Rose ist kein Starkzehrer, Düngen mit reifem Kompost und zeitweilige Gaben von Hornmehl sind ausreichend für herrlichen Blütenflor.

Die Rose – schon immer Symbol für Schönheit und Liebe

Romantische Blumenrabatte

Brennende Liebe *(Lychnis chalcedonica)* nennt man eine Pflanze auf Grund ihrer leuchtend roten Blüten, mit einem Tränenden Herz *(Dicentra spectabilis)* könnte eine Frau ihren Mann daran erinnern, dass ihr Herz ähnlich am Verbluten ist wie beim Amaranth *(Amaranthus caudatus)*.

Das Vergissmeinnicht soll das Gedächtnis der Männer stärken und als Symbol des Bleibens darf auch der Mannstreu *(Eryngium amethystinum)* nicht fehlen. Zu seinem Namen kam der distelähnliche Doldenblütler angeblich daher, weil seine kugeligen Samenstände im Spätherbst vom Wind über die Flächen gewirbelt werden, bis sie an einem Strauch hängen bleiben. Dort können die Samen ausfallen und keimen. So bleibt der Mannstreu diesem Standort treu und das erhofft man sich schließlich auch von den Männern.

Ganz reizende Namen haben auch Mädchenauge *(Coreopsis)*, Sonnenbraut *(Helenium)* und Sonnenauge *(Heliopsis)*. Diese wunderschön sonnenhaft blinkenden „Mädchen" könnte

man mit treuen Rittern wie Rittersporn *(Delphinium)* und Eisenhut *(Aconitum)* in einem Beet kombinieren.

Romantische Blumenrabatte

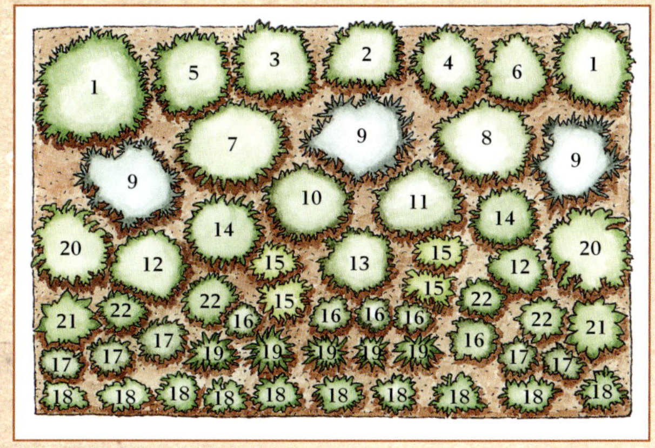

Nr.	Pflanze	Stückzahl
1	***Delphinium*** Belladonna-Hybride 'Piccolo'	2
2	***Delphinium*** Elatum-Hybride 'Augenweide'	1
3	***Delphinium*** Elatum-Hybride 'Berghimmel'	1
4	***Delphinium*** Pacific-Hybride 'Summer Skies'	1
5	***Aconitum napellus***	1
6	***Aconitum* x *cammarum*** 'Bicolor'	1
7	***Heliopsis helianthoides*** var. ***scabra*** 'Spitzentänzerin'	3
8	***Heliopsis helianthoides*** var. ***scabra*** 'Pitscheriana'	3
9	***Eryngium planum*** 'Azureum'	6
10	***Helenium***-Hybride 'Biedermeier'	3
11	***Helenium***-Hybride 'The Bishop'	3
12	***Coreopsis lanceolata*** 'Flying Saucers'	6
13	***Coreopsis verticillata*** 'Moonbeam'	3
14	***Lychnis chalcedonica***	6
15	***Amaranthus caudatus***	4
16	***Nigella damascena***	15
17	***Myosotis silvestris***	10
18	***Viola tricolor***	20
19	***Impatiens balsamina***	5
20	***Dicentra spectabilis***	2
21	***Brunnera macrophylla***	6
22	***Omphalodes verna***	8

Das Elfenbeet

In einem Garten, der bezaubern und zur Liebe verführen soll, darf ein Beet für Feen und Elfen nicht fehlen. Es wahr wohl ihre Intuition, die unseren Altvorderen sagte, welche Pflanzen diese magischen Wesen zum Bleiben einluden. Sie drückten das mit den Namen aus, die sie diesen Pflanzen gaben.

Der englische Namen „foxglove", Fuchshandschuh, für den roten Fingerhut *(Digitalis purpurea)* bedeutete ursprünglich „folksglove" oder Handschuh des guten Volkes. Gemeint waren die Elfen, deren bevorzugter Aufenthaltsort dort vermutet wurde, wo auch der Fingerhut am liebsten wächst.

Die Elfenblumen *(Epimedium)* wachsen am liebsten im lichten Gehölz, wo sich der Tau lange hält, und decken mit herzförmigen Blättern auch große Flächen zu. So können sie dort ein ganzes Feenreich erobern.

Elfenblumen erfreuen uns mit zarten Blüten in verschiedenen Farben und einige, wie *Epimedium x versicolor* oder *Epimedium x rubrum* mit rötlichen, durchscheinenden Mustern auf den Blättern. Diese bilden durch ihre Ausläufer größere Horste, während

Zauberhafte Gartenbeete

Epimedium grandiflorum und *Epimedium youngianum* zu kleineren Horsten wachsen.

Im Schatten fühlt sich auch eine andere Blume wohl, der man eine Verbindung zum Feenreich nachsagt, die Akelei *(Aquilegia)*, die auch Elfenhandschuh genannt wurde. Sie

trägt ihre Blütenglocken an langen Stielen, die diese Zauberwesen mit ihrem für uns unhörbaren Läuten begrüßen.

Als „Feen-Landeplatz" im Garten könnte die Traubenkirsche, die Elfenbusch genannt wurde, mit ihren betörend duftenden Blüten dienen.

Das Elfenbeet

Beetgröße: 5,5 x 3,5 m (Form abgerundet)

Das Elfenbeet

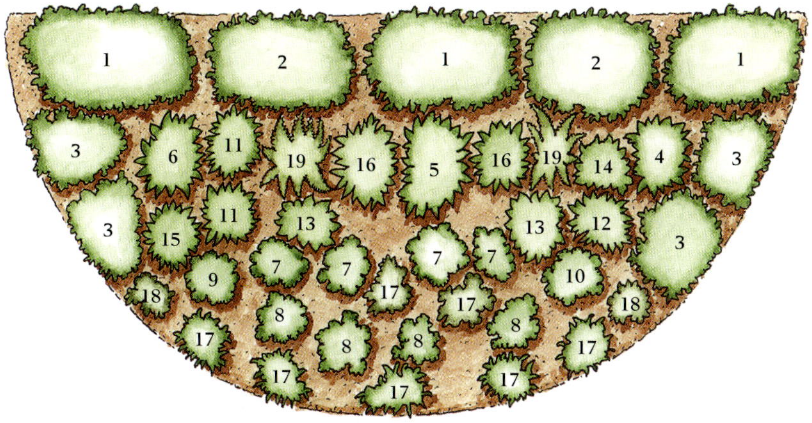

Nr.	Pflanze	Stückzahl
1	**Strauchrosen** 'Schneewittchen'	3
2	**Strauchrosen** 'Elysium'	2
3	**Bodendeckerrose** 'The Fairy'	4
4	***Digitalis purpurea*** 'Apricot'	3
5	***Digitalis purpurea*** 'Alba'	3
6	***Digitalis purpurea*** 'Gloxiniaeflora'	3
7	***Aquilegia caerulea***	4
8	***Aquilegia flabellata*** 'Nana Alba'	4
9	***Aquilegia vulgaris*** 'Nora Barlow'	3
10	***Aquilegia vulgaris*** 'Woodside'	3
11	***Epimedium grandiflorum*** 'Elfenkönigin'	6
12	***Epimedium grandiflorum*** 'Lilafee'	3
13	***Epimedium* x *rubrum***	6
14	***Epimedium* x *versicolor*** 'Sulphureum'	3
15	***Epimedium youngianum*** 'Niveum'	3
16	***Epimedium youngianum*** 'Roseum'	4
17	***Nemesia strumosa***	14
18	***Anemone sylvestris***	6
19	***Dryopteris filix-mas***	2

König Artus' Tafelrunde

Magie in den Garten bringt vielleicht auch ein Beet für König Artus und seine Tafelrunde. Camelot entsteht in Ihrer Fantasie, wenn Sie ein Beet anlegen mit Rittersporen, die nach den Helden benannt sind. Ganz im Sinne der Tafelrunde könnte dies ein rundes Beet werden, in dessen Mitte eine Buddleja 'Black Knight' prangt.

Viele hochwüchsige Rittersspornstauden (Pacific-Hybriden) erinnern mit ihren Namen an Camelot: 'King Arthur' (dunkelviolett mit weißer Biene), 'Galahad' (reinweiß), 'Astolat' (rosa mit dunklem Auge), 'Guinevere' (rosig-lavendelfarben) und 'Black Knight' (dunkelviolett mit schwarzem Auge).

Dazu passen auch die Elatum-Hybriden. 'Lanzenträger' (enzianblau und weißes Auge), 'Merlin' (hellblau) und 'Schildknappe' (blauviolett mit weißem Auge).

Zu ihren Füßen sollte man Lungenkraut mit passendem Namen *Pulmonaria* 'Excalibur' setzen, dessen Blätter mit ihrer silberweißen Blattmitte tatsächlich an ein Schwert erinnern.

König Artus' Tafelrunde

Beetgröße: Kreisform mit einem Durchmesser von 5 m

Nr.	Pflanze	Stückzahl
1	***Buddleja davidii*** 'Black Knight'	1
2	**Delphinium** Pacific-Hybride 'King Arthur'	4
3	**Delphinium** Pacific-Hybride 'Galahad'	4
4	**Delphinium** Pacific-Hybride 'Astolat'	4
5	**Delphinium** Pacific-Hybride 'Guinevere'	4
6	**Delphinium** Pacific-Hybride 'Black Knight'	4
7	**Delphinium** Elatum-Hybride 'Lanzenträger'	4
8	**Hosta**-Hybr. 'Gestreifte Lanze'	12
9	**Pulmonaria** 'Excalibur'	18

Amors Zauberkräuter

Verzaubern von Mann und Frau

Pflanzliche Mittel, die sexuell anregen können, kennt man bei allen Völkern und in allen Kulturen. Aphrodisiaka sollten helfen, die Lust zu wecken, zur „unkeuschen begierd“ verführen, sie sollten die Sinne anregen und auch helfen, den Partner an sich zu binden.

Die wahren Liebestränke, die unauflösliche, nur durch den Tod endende Liebesbeziehungen schaffen sollten, waren meist solche, deren Inhaltsstoffe eine extrem starke Wirkung auf den Menschen ausübten. Die Herstellung dieser Tränke war daher auch kundigen Frauen, den Hagezussen oder Hexen, vorbehalten.

Mit Hilfe von Giftpflanzen wie Alraune, Tollkirsche, Bilsenkraut und Stechapfel wurden Getränke gebraut, die psychoaktive Wirkung hatten, Fantasiewelten in der Seele aufsteigen ließen und Vergangenes vergessen helfen sollten.

Man denke nur an die Wirkung des Liebestrankes, den Tristan und Isolde genossen. Auch Kriemhild reichte Gudrun einen wundersamen Trank des Vergessens, nach dessen Genuss sie nicht nur den Mord an ihrem Sigurd vergisst, sondern auch aufhörte, Kriemhild, die den Mord angezettelt hatte, zu hassen und letztendlich sogar bereitwillig die Braut des Hunnenkönigs Attila wurde:

„Kriemhild reichte mir den mit dem Trank gefüllten Becher
Kühl war sein Geschmack, voll süßen Vergessens …
Tod und Arglist wohnten im Trank, gedarrte Eicheln, Wurzelwerk.“

Man kann durchaus vermuten, dass dieses Wurzelwerk auch Bilsenkraut *(Hyoscyamus niger)* enthielt, eine wahrhaft magische Giftpflanze, die nicht nur das Gefühl des Vergessens und der Gleichgültigkeit, sondern auch Willens- und Widerstandslosigkeit erzeugen konnte. Dem Bilsenkraut wurde aber auch eine konkret erotisierende Wirkung zugesprochen. In mittelalterlichen Badehäusern wurde mit den Samen des Bilsenkrautes geräuchert, um „zum Beischlaf zu stimulieren“.

Noch stärker regt der Stechapfel *(Datura stramonium)* an, so dass er immer herhalten musste, wenn es galt, den „Widerstand der Weiber“ zu brechen, sie gegen ihren Willen sexuell zu erregen. Deshalb wurde der Stechapfel auch „Liebeszwinger“

genannt. Der botanische Name der Tollkirsche, *Atropa belladonna*, kommt daher, dass sich die Frauen den Saft der Beeren in die Augen träufelten, was dazu führt, dass die Pupillen erweitert werden – ein Schönheitsideal früherer Zeiten.

„Sie haben ein schön und lustig Aussehen, damit sie einen Unwissenden leicht locken und reizen“, notierte Matthiolus im 16. Jahrhundert. Bemerkenswert ist, dass die Tollkirsche die Frauen sexuell erregen, bei den Männern aber die erotische Spannung vermindern soll.

Das pflanzliche Zaubermittel schlechthin war aber die Alraune *(Mandragora officinalis)*. Daher dachte man, dass sie auch als Liebesmittel besondere Kräfte entwickeln müsse. Man vermutet, dass die Pflanze „Dudaim“, die in der Bibel beschrieben wurde, mit der Alraune identisch ist. Rahel verwendete sie, um damit die Liebe Jakobs zu wecken und gesegneten Leibes zu werden. Luther übersetzte „Dudaim“ mit Liebesäpfel und vielleicht war der Apfel, den Paris der Göttin Aphrodite, die er als die Schönste auserkor, überreichte, die Frucht einer Alraune.

Es gab aber auch weniger gefährliche Liebeszauberpflanzen. Meist war ihre Anwendung allerdings mit komplizierten Ritualen verbunden:

„Man zupfe dem Mann, den man begehrt, ein Haar aus, nehme eine ungebrauchte Nähnadel, in die man das Haar einfädelt, ziehe dieses Haar dreimal durch ein Salbeiblatt, lege dieses unter die Türschwelle und wenn der Angebetete das Haus betritt, wird er sicher in Liebe entbrennen.“

Dieses Rezept findet sich in einem Kräuterbuch von 1727.

Amors Düfte

Einfacher war es, dem Partner heimlich Baldrianwurzeln in den Wein zu geben, worauf dieser in Kürze in heißer Liebe entbrennen sollte.

Diese Ratschläge gelten unabhängig vom Geschlecht. Nur für Männer ist folgender Ratschlag gedacht: Sollte er wünschen, dass ihm eine Frau folgen möge – nicht im Sinne von gehorchen, sondern dass sie nie mehr von seiner Seite weiche – dann muss der Mann versuchen, seiner Angebetenen ein Stück Bibernellwurzel *(Pimpinella major)* in eine Tasche zu stecken. Es könnte allerdings sein, dass dieser Rat nicht nur magisch, sondern ganz real wirkt. Die Bibernelle wird auch Bockwurz genannt, weil der Geruch der Wurzel an Ziegenbock erinnert.

Wir wissen heute, dass die Pheromone, die körpereigenen Duftstoffe, eine wichtige Rolle bei der Partnerwahl spielen und manchmal erinnern die Duftnoten der Männer vielleicht an die der tierischen Geschlechtsgenossen.

Duftstoffe und aromatische Kräuter spielten im Liebeszauber schon immer eine große Rolle. Das kann die Wissenschaft heute nur bestätigen, denn es ist bekannt, dass die Liebe nicht ganz ohne den Geruchssinn funktioniert. Es sind nicht nur die schon erwähnten Pheromone, das individuelle Duftkleid eines Menschen, sondern auch die ätherischen Öle, Wirkstoffe, die unsere Pflanzen duften lassen, die auf die Gefühle der Menschen starke Wirkung ausüben.

Wenn die Duftmoleküle in der Riechschleimhaut im obersten Bereich der Nase eine neurochemische Reaktion auslösen, wird diese weitergeleitet an das Limbische System, einen Teil unseres Stammhirns. Dieses reguliert unsere Gefühlswelt. Ob wir uns entspannt oder angeregt fühlen, kann durch Düfte beeinflusst werden und viele Düfte haben eine ausgesprochen aphrodisierende Wirkung.

~ DER APFEL ~

MALUS SPEC., FAMILIE DER ROSENGEWÄCHSE (ROSACEAE)

Der Apfel war das Mittel des Liebeszaubers schlechthin. Mit seiner Hilfe konnte eine Frau am sichersten die Liebe des Partners gewinnen. Dazu musste sie nur eine Nacht lang mit einem Apfel unter der Achsel oder gar auf der Scham schlafen und diesen dann am nächsten Tag dem Mann der Wahl zum Essen geben. Klingt nach Magie, aber die Wirkung ist auf die Pheromone der Trägerin zurückzuführen, die in der Schale des Apfels gespeichert werden und dem Mann damit klar machen, wer die passende Partnerin ist. Somit ist auch das Rezept, den Apfel für Liebeszauber zu verwenden, erklärbar.

In der keltischen Mythologie war Avalon das „Apfelland", ein Paradies.

Da der Apfel aber mit der ersten Frau, Eva, in Verbindung gebracht wurde, bekam er auch böse Attribute: „Malum ex malo", alles Unheil kommt vom Apfel, drückt sich sogar im botanischen Namen aus.

Bei den Kelten hatten die Äpfel den Ruf, magische Kräfte zu besitzen, zu ewiger Jugend zu verhelfen und den Tod zu überwinden.

Heilwirkung

„An apple a day keeps the doctor away"! Dieser Spruch kann tatsächlich bestätigt werden. Je nach Zubereitungsart kann der Apfel gegen Durchfall oder Verstopfung helfen.

Neueste Untersuchungen zeigten, dass besonders in der Apfelschale Stoffe vorkommen, die den Cholesterinspiegel positiv beeinflussen, helfen, Herz- und Kreislauferkrankungen vorzubeugen und das Immunsystem stärken.

Was ist ein Apfel?

Der Apfel ist über die ganze Erde verbreitet. Heute gibt es über 1000 Sorten von Kulturäpfeln, deren gemeinsamer Stammvater der Holzapfel *(Malus sylvestris)* ist. Der Holzapfel wächst eher strauchartig und auch die Kulturäpfel entwickeln selten einen hoch gewachsenen Stamm. Es liegt ihnen mehr an der Ausbildung einer dicht verzweigten Krone, deren rundliche Ausbildung sich in der kugeligen Form der Früchte wiederholt. Der Apfel ist eine echte Venuspflanze.

Standort und Ansprüche

Die Ansprüche der Apfelbäume an den Boden sind im allgemeinen leicht und fast überall zu erfüllen. Der flachwurzelnde Baum liebt gut durchlässige Lehmböden und mag keine Staunässe oder lang anhaltende Trockenheit. Winterkälte verträgt er gut, Spätfröste können aber erheblichen Schaden anrichten.

Es ist also nicht verwunderlich, dass, so weit wir in der Geschichte zurückgehen können, wohlriechende Salben und Öle zum Inventar vornehmer Frauen und auch der Hetären zählten. Griechische Hetären pflegten ihre Augenbrauen mit Majoransalbe, den Hals mit Salbe aus Thymian und die Arme mit Minzensalbe einzureiben, um Männer bezaubern zu können.

Petersilie (Petroselinum crispum) macht Männer stark.

Was Männer stark und Frauen schwach macht

Um „eyn teutsches Mannsbild bey Kräfften zu halten", dafür kannte man viele Pflanzen. In erster Linie betrachtete die Volksheilkunde nach dem Grundsatz „Gleiches mit Gleichem" solche Pflanzen als besonders wirksam, die menschlichen Geschlechtsteilen ähneln. Man sollte dies nicht nur als wirkungslosen Aberglauben belächeln, moderne wissenschaftliche Untersuchungen könnten vielleicht Wirkstoffe zutage fördern, die diese volksmedizinischen Erfahrungen bestätigen. So zeigte sich, dass im Spargel die hohe Konzentration an Spurenelementen wie Molybdän und Zink für die vermutete positive Wirkung auf den Sexualtrieb verantwortlich sein könnte und beim Knoblauch eventuell das Vorkommen von Nikotinsäureamid.

Immer bereit und fähig zu sein für die Liebe, das ist ein allzu menschlicher Wunsch. Aphrodisiaka sollten daher auch dazu dienen, körperliches Begehren immer wieder anzustacheln und zu erneuern. Dafür gab es den bezeichnenden Namen Satyrion nach den Satyrn, denen besondere Lüsternheit nachgesagt wurde.

Das hodenartige Aussehen der Wurzel mancher Orchideen, der Knabenkräuter *(Orchis* subsp.*)* ließ sie ebenfalls zum Liebesmittel im Sinne der Signaturenlehre werden. Paracelsus meinte:

„secht an die wurtzel satyrion, ist sie nicht gestalt wie eines mans scham?

Liebeskraft aus dem Küchengarten

Artischocke *(Cynara scolymus)*
Knoblauch *(Allium sativum)*
Petersilie *(Petroselinum crispum)*
Rettich *(Raphanus sativus)*
Sellerie *(Apium graveolens)*
Spargel *(Asparagus officinalis)*
Zwiebel *(Allium cepa)*

darumb sie ... anzeigt, das sie den mannes ir verlorene mannheit wider bringt".

Liebeskraft aus dem Küchengarten

Von der Petersilie *(Petroselinum crispum)* meinten die Alten:

„Petersilie hilft den Männern aufs Pferd, den Frauen unter die Erd."

Damit sind die Wirkungen umschrieben, die der Petersilie von der Volksmedizin zugeschrieben wurden: Sie diente den Männern als Potenzmittel und den Frauen als gefährliches Abtreibemittel. Bei den Männern ist bis auf die harntreibenden Eigenschaften eher keine Wirkung auf den Geschlechtstrieb zu erwarten, Frauen könnte man empfehlen, in den ersten Monaten der Schwangerschaft nicht zu viel frische Petersilie zu verwenden.

Auch die Sellerie *(Apium graveolens)* wurde als „erhitzend und reyzend" betrachtet und noch heute kreisen viele Männerwitze um die aphrodisischen Eigenschaften des Sellerie-Salates, der auch als „Stehsalat" bezeichnet wurde.

Die Zwiebel *(Allium cepa)* galt schon in Ägypten als Symbol der Erotik und Zeugung. Im Mittelalter meinte der Kräuterarzt Matthiolus, *„Zwiebeln gegessen entzünden die unkeuschen Gelüst".*

Der Knoblauch *(Allium sativum)* ist ebenfalls ein Liliengewächs und dazu meinte Matthiolus:

„Wer an natürlichen Werken nichts schaffen kann, der esse oft Knoblauch ... er bekommt wieder Lust und Kraft."

Die cholesterinsenkende und gefäßerweiternde Wirkung des Knoblauchs ist wissenschaftlich anerkannt. Russische Pharmakologen schwören aber darauf, dass Knoblauch nicht nur verjüngend wirkt, sondern auch die Manneskraft bis ins hohe Alter aufrecht halten soll.

Der Spargel *(Asparagus officinalis)* stand schon immer im Ruf, müden Männern auf die Sprünge zu helfen. Das verwundert nicht in Anbetracht seiner Signatur, die wahrlich an das männliche Geschlechtsorgan erinnert. In der chinesischen Medizin wird eine verwandte Asparagus-Art *(Asparagus lucida)* verwendet und in einem alten Kräuterbuch kann man nachlesen, dass ein Mann namens Tu Tze-wei, „nachdem er dieses Kraut viele Jahre eingenommen hatte, in der Lage war, sexuelle Beziehungen zu 80 Ehefrauen und Konkubinen zu unterhalten und täglich 50 Meilen zu Fuß zu gehen."

Der Rettich *(Raphanus sativus)* ist mit dem Senf verwandt und enthält ein schwefelhaltiges ätherisches Öl, das für den scharfen Geschmack verantwortlich ist. Vermutlich ist es auch dieser Geschmack, der dazu führte, dass der Rettich schon in Ägypten und im antiken Griechenland als Aphrodisiakum galt. Das sollen die Bayern übrigens auch heute noch glauben.

Gewürzkräuter und Gewürze wie Ingwer oder Pfeffer wirken sich auch ohne große Zauberanwendung auf die geschlechtliche Lust anregend aus, und auch über andere aphrodisierende Kräuter gäbe es noch viel zu berichten.

Natürlich wachsen nicht nur bei uns Pflanzen für „Lustgewinn und Liebesglück". Die chinesische Medizin und das Ayurveda, die der Energiewirkung einer erfüllten Sexualität eine lebensverlängernde Wirkung zuschreiben, kennen viele

Spargel (Asparagus officinalis)

Liebeskraft durch exotische Kräuter

Ashwagandha *(Withanie somnifera)*
Bhringaraj *(Eclipta alba)*
Damiana *(Turnera diffusa)*
Ginseng *(Panax ginseng)*
Gotu Kola *(Hydrocatyle asiatica)*
Ingwer *(Zingiber officinalis)*
Pfeffer *(Piper nigrum)*

anregende Pflanzen. Es sei hier nur auf den legendären Ginseng *(Panax ginseng)* hingewiesen, der allerdings als Adaptogen, also als ein Stress ausgleichendes Mittel, eher hilft, nachlassende Manneskraft gelassener hinzunehmen.

Auf der Fensterbank könnte man Damiana *(Turnera diffusa)* kultivieren, das Kraut des heiligen Damian, das den südamerikanischen Beitrag zur Stärkung der Männlichkeit liefert.

Gotu Kola *(Hydrocatyle asiatica)* gibt ebenfalls jugendliche und sexuelle Spannkraft und soll sogar das Gedächtnis stärken.

Das könnte helfen, die ehelichen Pflichten nicht zu vergessen. Beide Pflanzen liefern zauberhafte Manneskraft von der Fensterbank.

Die Liebestöter oder Anaphrodisiaka

Ebenso wie man überzeugt war, mit Zauberpflanzen Lust auf Liebe machen zu können, glaubte man, auch das Gegenteil mit Zauberkraft zu schaffen. Man kannte eine Reihe von Pflanzen, „wider die allzu große Begierde zum Beyschlaff und Geilheit."

Der Hopfen *(Humulus lupulus)* wuchs in den Klostergärten, denn er sollte den Mönchen, als Tee getrunken, helfen, keine unzüchtigen Träume zu haben. Möglicherweise animierte das dazu, besonders gute Biere in Klöstern zu brauen. Heute wissen wir, dass Hopfen tatsächlich die Phytoöstrogene Daidzein und Genistein enthält, was sich auf die Libido der Männer sicher dämpfend auswirkt. Männern sei daher beim Biertrinken zur Vorsicht geraten.

Pflanzen gegen den Liebestrieb

Dill *(Anethum graveolens)*
Hopfen *(Humulus lupulus)*
Mönchspfeffer, Keuschlamm *(Vitex agnus-castus)*
Seerosen *(Nymphaea alba)*
Schnittsalat oder Kopfsalat *(Lactuca sativa)*

„Mönchspfeffer" nannte man eher scherzhaft das Keuschlamm *(Vitex agnus-castus)*. Der Strauch wurde ebenfalls in Klöstern gezogen, weil man überzeugt war, sein Absud könnte das Streben nach Enthaltsamkeit unterstützen.

Heute werden aus dem Keuschlamm Heilmittel für weibliche Probleme wie das „Prämenstruelle Syndrom" hergestellt. Auf Männer hat es sicherlich ebenfalls eine sexuell dämpfende Wirkung.

Zaghaft sollten Männer auch an Gerichte, die mit Dill *(Anethum graveolens)* gewürzt sind, herangehen, denn Hexen nutzten seine dämpfende Wirkung oft, um Eheleute zu ärgern. Schon Dioscorides hatte festgestellt: *„Dill dämpft den natürlichen Samen."*

Noch ein letzter Rat des römischen Arztes Dioscorides: *„Lattich wehret und verhindert die unkeuschen Träume."* Also sollten Männer überlegen, ob sie lieber Salat der Familie *Lactuca sativa* wie etwa Schnittsalat oder Kopfsalat oder solchen aus der Familie Cichorium wie Endiviensalat essen wollen, denn der macht laut Dioscorides sogar *„einen trägen und faulen Hahn geil."*

Ginseng (Panax ginseng)

Mondscheingärtchen zum Herzerweichen

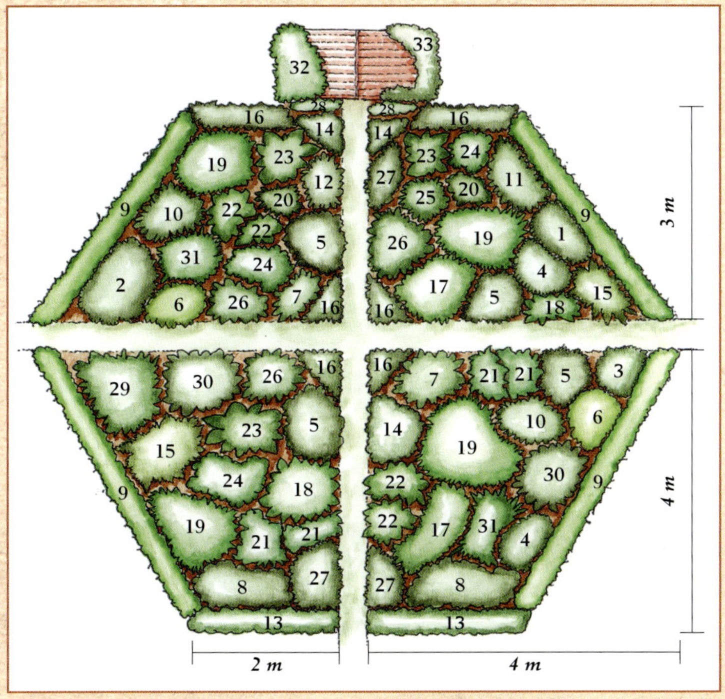

Nr.	Pflanze	Stückzahl
1	***Artemisia ludoviciana*** 'Silver Queen'	3
2	***Artemisia absinthium***	3
3	***Artemisia arborescens*** 'Powis Castle'	3
4	***Artemisia camphorata***	4
5	***Artemisia santonicum***	8
6	***Artemisia lactiflora*** 'Guizhou'	6
7	***Achillea filipendulina*** 'Moonshine'	6
8	***Achillea ptarmica*** 'The Pearl'	8
9	***Lavandula angustifolia*** 'Edelweiß'	40
10	***Salvia argentea***	6
11	***Salvia officinalis*** 'Berggarten'	3
12	***Salvia officinalis*** 'Nana Alba'	3
13	***Santolina chamaecyparissus***	10
14	***Santolina neapolitana***	9
15	***Onopordum acanthium***	2
16	***Stachys byzantina*** 'Silver Carpet'	22
17	***Hyssopus officinalis*** 'Alba'	6
18	***Anaphalis triplinervis***	6
19	***Hesperis matronalis*** 'Alba Plena'	12
20	***Lilium candidum***	2
21	***Iris florentina***	4
22	***Saponaria officinalis*** 'Alba'	4
23	***Nicotiana sylvestris***	3
24	***Aquilegia vulgaris*** 'Dove'	6
25	***Echinacea purpurea*** 'White Swan'	3
26	***Monarda didyma*** 'Schneewittchen'	3
27	***Thymus vulgaris*** 'Silver Posy'	9
28	***Anthemis nobilis*** 'D' Anjou'	6
29	***Clematis recta***	2
30	***Dictamnus albus*** 'Albiflorus'	2
31	***Digitalis purpurea*** 'Alba'	4
32	**Kletterrose** 'New Dawn'	1
33	***Lonicera periclymenum***	1

Mondscheingärtchen zum Herzerweichen

Berühmte englische Gärtnerinnen wie Eleanor Sinclair Rohde waren überzeugt, dass man mit romantischen Gärten die Gefühle der Männer so anregen kann, dass Aphrodisiaka gar nicht mehr nötig seien. Man stelle sich ein Gärtchen vor mit silbrig belaubten Kräutern, die im Mondschein aufleuchten und wenn man sie leise berührt, aromatisch duften, dazu weiß blühende, wohlriechende Blumen – das muss doch jedes Männerherz erweichen.

Die Wermutgewächse sind nach Artemis, der Göttin der Jagd und der Wildnis, aber auch der Zauberei benannt. Viele von ihnen haben silbriges Laub und eignen sich somit für ein Mondscheingärtchen ganz besonders. Dazu passen Lavendel, Zypressenkraut, Salbei und betörend duftende Madonnenlilien, die ja ursprünglich der Venus geweiht waren sowie die duftenden helllila Nachtviolen.

Ein Gärtchen mit Venuspflanzen

Venus und Mars waren ein Götterpaar und stehen für das weibliche und männliche Prinzip. Die Farbe, die der Venus zugeordnet wird, ist Rosa, und Rot ist die Farbe des Kriegsgottes Mars. Ein Beet, in dem die Farben Rosa und Rot kombiniert werden,

Beetgröße: 4,0 x 3,0 m (Form abgerundet)

Ein Gärtchen mit Venuspflanzen

kann daher vielleicht anregen, die beiden Gegenpole zu verbinden. Und einen Hauch von „schwarzer Magie“ vermittelt es, wenn Pflanzen mit schwarzen Blüten darunter gemischt werden.

Nr.	Pflanze	Stückzahl
1	***Rheum palmatum***	2
2	***Angelica gigas***	2
3	***Foeniculum vulgare*** 'Rubrum'	2
4	***Alcea rosea*** 'Nigra'	2
5	***Alcea rosea*** 'Rubra'	4
6	***Salvia sclarea*** var. ***turcestanica***	4
7	***Paeonia officinalis***	1
8	***Epilobium angustifolium***	4
9	***Papaver orientale*** 'Türkenlouis'	2
10	***Iris*** 'Black as Night'	2
11	***Iris*** 'Night Owl'	2
12	***Achillea*** 'Red Velvet'	3
13	***Achillea*** 'Terracotta'	3
14	***Monarda didyma*** 'Squaw'	2
15	***Echinacea purpurea***	8
16	***Salvia officinalis*** 'Purpurascens'	4
17	***Verbena macdougalii***	6
18	***Dianthus barbatus***	4
19	***Dianthus gratianopolitanus***	3
20	***Stachys officinalis***	6
21	***Centaurium umbellatum***	4
22	***Cryptothaenia japonica*** 'Atropurpurea'	2
23	***Viola cornuta*** 'Molly Sanderson'	9

Zauberpflanzen für Anfänger „Sprechende“ Blumen und Liebeskräuter

Einjährige und zweijährige Pflanzen

Name lateinisch, deutsch	Lebens-dauer	Wuchshöhe in cm	Blütezeit (Monat)	Blüten-farbe	Standort
Alcea rosea 'Nigra', Stockrose	II	180	VI–IX	schwarz	○–◐
Amaranthus caudatus, Fuchsschwanz	I	60–100	VII–IX	purpurrot	○
Centaurium umbellatum Tausendgüldenkraut	I	bis 50	VII–X	zartrosa	○
Digitalis purpurea 'Alba'	II–A	120	VI–VII	weiß	○–◐
Digitalis purpurea 'Apricot'	II–A	120	VI–VII	gelblich-rosa	○–◐
Digitalis purpurea 'Gloxiniaeflora' Fingerhut	II–A	bis 150	VI–VII	rot, rosa	○–◐
Impatiens balsamina, Balsamine	I	70	VII–IX	rosa bis rot	○
Myosotis sylvatica, Vergissmeinnicht	II	bis 40	V–VII	himmelblau	○–◐
Nemesia strumosa, Elfenspiegel	I (Vorkultur)	bis 60	VI–IX	weiß, rosa, orange	○–◐
Nigella damascena Jungfer im Grünen	I	bis 50 cm	VI–IX	weiß, hellblau, rosa	○–◐
Viola tricolor, Stiefmütterchen	I–II	20–30	III–V	gelb mit lila	○–◐

Ausdauernde Pflanzen

Name lateinisch, deutsch	Lebens-dauer	Wuchshöhe in cm	Blütezeit (Monat)	Blüten-farbe	Standort
Achillea filipendulina 'Moonshine'	A	50	VI–VIII	schwefelgelb	○
Achillea millefolium 'Sammetriese'	A	80	VI–VII	kirschrot	○
Achillea ptarmica 'The Pearl' Schafgarbe	A	30–50	VII–VIII	weiß	○ feucht
Aconitum napellus	A	80–120	VII–VIII	dunkelblau	○–◐
Aconitum cammarum 'Bicolor' Eisenhut	A	80–100	VII–IX	blau mit weiß	○–◐

I = einjährig, II = zweijährig, A = ausdauernd

Name lateinisch, deutsch	Lebens-dauer	Wuchshöhe in cm	Blütezeit (Monat)	Blüten-farbe	Standort
Anaphalis margaritacea 'Neuschnee'	A	50	VII–IX	weiß	○
Anemone silvestris, Waldanemone	A	30	IV–V	weiß	◐
Angelica gigas, Riesenengelwurz	A	80	VI–VIII	tiefrot	○
Aquilegia flabellata 'Nana Alba'	A	30	V–VI	wachsweiß	◐
Aquilegia vulgaris 'Dove'	A	30	V–VI	reinweiß	◐
Aquilegia vulgaris 'Woodside'	A	60	V–VI	altrosa	◐
Akelei					
Artemisia ludoviciana 'Silver Queen'	A	70	VIII	gelblich	○
Artemisia absinthium					○
Artemisia arborescens 'Powis Castle'	A	100	VII–IX	weiß	○
Edelraute					
Brunnera macrophylla	A	40	IV–V	lichtblau	◐
Kaukasus-Vergissmeinnicht					
Coreopsis grandiflora 'Sunray'	A	50	VII–VIII	goldgelb	○
Coreopsis verticillata 'Moonbeam'	A	40	VII–VIII	pastellgelb	○
Mädchenauge					
Delphinium Belladonna-Hybride 'Piccolo'	A	80	VI–VII	azurblau	○
Delphinium Elatum-Hybr. 'Augenweide'	A	150	VI–VII	hellblau mit rosa	○
Delphinium Elatum-Hybr. 'Berghimmel'	A	180	VI–VII	himmelblau mit weiß	○
Delphinium Pacific-Hybr. 'Astolat'	A	180	VI–VII	altrosa	○
Delphinium Pacific-Hybr. 'Black Knight'	A	180	VI–VII	dunkelblau mit schwarz	○
Delphinium Pacific-Hybr. 'Galahad'	A	180	VI–VII	reinweiß	○
Delphinium Pacific-Hybr. 'Guinevere'	A	180	VI–VII	rosig-lavendel	○
Delphinium Pacific-Hybr. 'King Arthur'	A	180	VI–VII	dunkelviolett mit weiß	○
Rittersporn					
Dianthus barbatus	II	40	VII–IX	haupts. Rottöne	○
Dianthus gratianopolitanus	A	15	V–VII	Rosatöne	○
Nelke					
Dictamnus albus 'Albiflorus', Diptam	A	80	VI	weiß	○–◑
Dryopteris filix-mas, Wurmfarn	A	80	–	–	◐–●
Echinacea purpurea	A	100	VIII–IX	rosarot	○
Echinacea purpurea 'White Swan'	A	80	VIII–IX	cremeweiß	○
Sonnenhut				mit schwarzer Mitte	

Name lateinisch, deutsch	Lebens- dauer	Wuchshöhe in cm	Blütezeit (Monat)	Blüten- farbe	Standort
Epimedium grandiflorum 'Elfenkönigin'	A	30	IV–V	cremeweiß	◐–●
Epimedium grandiflorum 'Lilafee'	A	30	IV–VI	hellviolett	◐–●
Epimedium* x *rubrum	A	25	IV–V	rot	◐–●
Epimedium versicolor 'Sulphureum'	A	25	IV–V	schwefelgelb	◐–●
Epimedium* x *youngianum 'Niveum'	A	15	IV–V	weiß	◐–●
Epimedium* x *youngianum 'Roseum' Elfenblume	A	25	V	rosarot	◐–●
Eryngium planum 'Azureum' Mannstreu, Edeldistel	A	80–100	VII–VIII	blau	○
Helenium-Hybr. 'Biedermeier'	A	100	VII–VIII	goldgelb mit rotem Ring	○
Helenium-Hybr. 'The Bishop' Sonnenbraut	A	60–80	VII–VIII	dottergelb	○
Heliopsis helianthoides var. ***scabra*** 'Spitzentänzerin'	A	120	VII–VIII	orangegelb	○
Heliopsis helianthoides var. ***scabra*** 'Pitscheriana' Sonnenauge	A	120	VI–VII	goldgelb	○
Hesperis matronalis (weißblühend) Nachtviole	A	60–70	VI–VII	lila	○–◐
Hosta-Hybr. ***'Gestreifte Lanze',*** Funkie	A	50	VI–VII	lila	◐–●
Hyssopus officinalis 'Alba', Ysop	A	50	VIII–X	weiß	○
Iris 'Black as Night', Schwertlilie	A	90	V	nachtblau	○–◐
Dicentra spectabilis Tränendes Herz	A	70	V–VI	altrosa und weiß	◐
Lilium candidum, Madonnenlilie	A	100	VI	weiß	○–◐
Lychnis chalcedonica, Brennende Liebe	A	100	VI–VII	scharlachrot	○
Mandragora officinarum, Alraune	A	20–20	III–IV	bläulich zieht nach Blüte ein	○–◐
Monarda didyma 'Schneewittchen'	A	100	VII–IX	reinweiß	○–◐
Monarda didyma 'Squaw' Indianernessel	A	100	VII–IX	scharlachrot	○–◐
Omphalodes verna, Gedenkemein	A	20	IV–V	hellblau	◐–●
Ophiopogon planiscapus 'Nigrescens' Schlangenbart	A	25	VII–VIII	rosaweiß	◐–●

Name lateinisch, deutsch	Lebens-dauer	Wuchshöhe in cm	Blütezeit (Monat)	Blüten-farbe	Standort
Pimpinella major, Große Bibernelle	A	50–100	VI–X	weiß	○–◐
Pulmonaria 'Excalibur', Lungenkraut	A	30–40	III–V	rosa, Blätter silbrig	◐–●
Salvia officinalis 'Berggarten' ***Salvia officinalis*** 'Nana Alba' Salbei	A A	60 40	VI–VII V–VI	blau weiß	○ ○
Salvia sclarea var. ***turcestanica*** Muskateller-Salbei	A	60	VI–VII	rosa-lila	○
Santolina chamaecyparissus Heiligenblume	A	30	V	gelb	○
Saponaria officinalis 'Alba', Seifenkraut	A	60	VI–VII	weiß	○
Stachys officinalis, Heil-Ziest	A	30–60	VI–VII	rosa-lila	○
Stachys byzantina 'Silver Carpet', Ziest	A	10	VII	rosalila	○–◐
Verbena officinalis, Echtes Eisenkraut	A	30–60	VII–X	blasslila	○–◐
Viola cornuta 'Molly Sanderson', Veilchen	A	20	VI–X	tiefschwarz	○–◐

Rosen

Name lateinisch, deutsch	Lebens-dauer	Wuchshöhe in cm	Blütezeit (Monat)	Blüten-farbe	Standort
Rosa 'Schneewittchen', Strauchrose	A	bis 150	V–Frost	reinweiß	○–◐
Rosa 'Elysium', Beetrose	A	bis 100	V–VIII	zartrosa	○–◐
Rosa 'The Fairy', Bodendeckerrose	A	30–50	V–VIII	zartrosa	○–◐
Rosa 'New Dawn', Kletterrose	A	bis 400	V–VIII	zartrosa	○–◐

Zauberpflanzen für Fortgeschrittene

Von der Wiege bis zur Bahre

Wie man mit Hilfe von Pflanzen die Liebe eines begehrten Menschen herbeizaubern kann, war schon nachzulesen. Ob Apfel oder Baldrian, sobald die Liebe entbrannt war, wollte diese geordneten Verhältnissen zugeführt werden. Eine Hochzeit wurde vorbereitet.

Zauberpflanzen für Brautleute

Weil Brautleute bösen Geistern ganz besonders ausgesetzt sind, hielt man es für nötig, sich gegen diese zauberischen Anfechtungen auch mit Hilfe von Pflanzen zu wehren. Wunder wirken konnten die Palmkätzchen, die am Palmsonntag geweiht worden waren. Sie schützten die Braut in den letzten Nächten vor der Hochzeit, wenn sie sich die Zweige unter ihr Bettuch legte.

Um die bösen Hochzeitsgeister zu vertreiben, muss am letzten Abend vor dem Fest ordentlich gepoltert werden. Aber auch am Weg zur Kirche drohen noch viele Gefahren. Entweder verhüllte die Braut ihr Gesicht mit einem Schleier, so dass die bösen Geister sie nicht erkennen konnten

oder sie schützte sich mit dem Brautkranz. Der Kranz als geschlossener Kreis galt als ein Mittel zur Geisterabwehr.

Rosmarin war schon immer das Symbol der Treue. Ophelia spricht in Shakespeares „Hamlet" zu Laertes:

„Da ist Vergissmeinnicht, das ist zum Andenken. Ich bitte dich, liebes Herz, gedenkt meiner. Und da ist Rosmarin, das ist für die Treue."

Optimale Voraussetzungen für eine gute Ehe konnte sich die Braut schaffen, wenn sie bei der Hochzeit in ihre Schuhe Dill- und Kümmelsamen streute. Dann brauchte sie beim Durchschreiten des Kirchentores nur mehr zu murmeln: „Ich hab in den Schuhen Kümmel und Dill, jetzt muss der Mann tun, wie ich will." So einfach ist das!

Auf jeden Fall sprach man dem Dill zu, vor den Flüchen böser alter Jungfern zu schützen. Solchermaßen gegen den Einfluss böser Geister gewappnet, konnte bei der Hochzeit nichts mehr schiefgehen. Es blieb also nur noch, das Brautpaar nach vollzogener Trauung mit Getreidekörnern, Erbsen oder Mohnsamen zu bestreuen, das solle der Ehe Glück und Kindersegen bescheren.

~ DER ROSMARIN ~

ROSMARINUS OFFICINALIS, FAMILIE DER LIPPENBLÜTLER (LAMIACEAE)

Der Rosmarin, dieses besonders würzige Kraut, wächst als dichter, immergrüner Busch mit nadelartigen Blättern und blassblauen Blüten im Mittelmeerraum. Der Name wird auf „ros marinus" = Meertau zurückgeführt und Luftfeuchtigkeit ist für sein Gedeihen notwendig. Vor allem braucht dies die bei uns nicht winterharte Pflanze beim Überwintern: der Platz sollte hell, eher sehr kühl und eben luftfeucht sein.

Duft und Brauchtum

Der Brauch, allen Männern bei der Hochzeit Rosmarinzweige ins Knopfloch zu stecken, ist auch heute noch anzutreffen, vor allem im Osten von Österreich. Die Bedeutung kennt man nicht mehr. Sinnvoll ist der Brauch, denn dass der Rosmarin tatsächlich mit Treue zu tun hat, lässt sich aus der Wirkung seines Duftes auf eine Region im Gehirn erklären. Diese Region, der Hippocampus, spielt eine Schlüsselrolle in der Funktion unseres Gedächtnisses. Rosmarinduft in der Hochzeitsnacht lässt den Bräutigam nicht vergessen, dass er geheiratet hat!

Wenn es gelang, die Rosmarinzweige, die bei der Hochzeit getragen wurden, zu bewurzeln und sie gediehen gut, so war das ein Zeichen für eine glückliche und gute Ehe. In England war man allerdings davon überzeugt, dass da, wo der Rosmarin allzu gut gedeiht und recht hoch wird, die Frau die „Hosen anhat" („the mistress is the master") und ein strenges Regiment führt.

Um dem abzuhelfen, sollen die Männer oft heimlich nachts die Wurzeln der Pflanzen beschnitten haben.

Rosmarin (Rosmarinus officinalis)

Das Gärtchen für ein glückliches Eheleben

Vielleicht das schönste Sinnbild für ein glückliches und langes Eheleben ist die Geschichte von Philemon und Baucis. Als Zeichen seines Dankes für das bescheidene Gastmahl, mit dem sie Zeus und Hermes bewirtet hatten, gewährte ihnen der Göttervater einen Wunsch. Sie baten darum, zur gleichen Zeit sterben zu können, damit keiner den Tod des anderen erleben müsse. Zeus verwandelte sie im Moment des Todes in zwei Bäume. Philemon wurde zur Eiche, dem Sinnbild der Standhaftigkeit und Männlichkeit, Baucis dagegen zur Linde, die als wahre Venuspflanze das Sinnbild der Ehre und Güte, aber auch der Bescheidenheit ist.

Vielleicht könnte der Zauber dieser beiden Bäume – Eiche und Linde – vom Brautpaar zu Beginn der Ehe gepflanzt, zum Garanten für eine lange, glückliche Partnerschaft werden. In ihrem Schatten könnten sie dann bis ins hohe Alter schöne Stunden verleben.

Kräuter für das Eheglück

Beifuß: gegen bösen Zauber und für Eheglück

Dill: auch zauberabwehrend, gibt der Frau Zauberkräfte

Eberraute: Scherzhaftigkeit (in einer guten Ehe soll man auch lachen können)

Melisse: Sympathie, gegen Traurigkeit

Minze: Tugend, innere Wärme

Odermenning: Dankbarkeit

Rosmarin: Erinnerung, Treue

Salbei: Häuslichkeit

Sauerampfer: für ewige Zuneigung

Thymian: innere Kraft

Eine andere Auslegung der Geschichte von Philemon und Baucis meint, dass die beiden in Kornelkirschen verwandelt wurden. Zeus soll von den in Wein eingelegten Früchten so angetan gewesen sein, dass er die beiden Alten in Sträucher verwandelte. Die Kornelkirsche ist oft zweihäusig, es gibt

Das Gärtchen für ein glückliches Eheleben

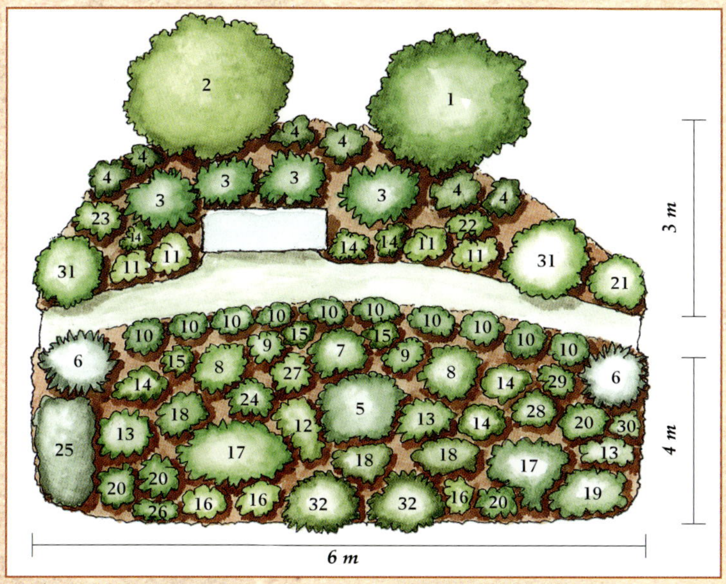

Nr.	Pflanze	Stückzahl
1	***Tilia cordata***, Linde	1
2	***Quercus robur***, Stieleiche	1
3	***Cornus mas***, Kornelkirsche	4
4	***Hedera helix***, Efeu	6
5	***Rosmarinus officinalis*** (im Topf) Rosmarin	7
6	***Salvia officinalis***, Salbei	6
7	***Thymus vulgaris*** 'Compactus', Thymian	9
8	***Mentha arvensis*** (im Topf versenken) Minze	10
9	***Alchemilla vulgaris***, Frauenmantel	10
10	***Agrimonia eupatoria***, Odermennig	20
11	***Anethum graveolens***, Dill	8
12	***Carum carvi***, Kümmel	1
13	***Artemisia abrotanum***, Eberraute	12
14	***Viola odorata***, Duftveilchen	12
15	***Viola tricolor***, Stiefmütterchen	9
16	***Primula veris***, Schlüsselblume	9
17	***Melissa officinalis***, Melisse	10
18	***Artemisia vulgaris***, Beifuß	15
19	***Rumex acetosa***, Sauerampfer	7
20	***Hesperis matronalis***, Nachtviole	12
21	***Reseda odorata***, Duftresede Unterpflanzung für Rose	15
22	***Nigella damascena***, Jungfer im Grünen	10
23	***Cheiranthus cheiri***, Goldlack	5
24	***Dendranthemum*** Kor.-Hybr. 'White Bouquet', Margerite	3
25	***Lavandula officinalis***, Lavendel	7
26	***Convallaria majalis***, Maiglöckchen	5
27	***Narcissus poeticus***, Narzisse	4
28	***Dianthus barbatus***, Nelke	5
29	***Galanthus nivalis***, Schneeglöckcken	7
30	***Myosotis sylvatica***, Vergissmeinnicht	5
31	***Englische Rose*** 'Heritage'	2
32	***Laurus nobilis***, Lorbeer	2

Blumen für das Eheglück

Chrysanthemen: langes Leben, Standhaftigkeit
Goldlack, Resede: standhafte Liebe
Lavendel: Glück, Erinnerung
Lorbeer: Standhaftigkeit
Maiglöckchen: Glücksbringer, Blume der Zuneigung
Narzissen: „And then my heart with pleasure fills and dances with the Daffodils" („Dann füllt mein Herz mit Freude sich und tanzt mit den Narzissen.")
Nelke: irdische Liebe
Schlüsselblume: Schlüssel zum Herzen des Partners
Schneeglöckchen: Glücksbote und Hoffnung
Veilchen: innige Liebe, Treue
Vergissmeinnicht: wahre Liebe

daher männliche und weibliche Pflanzen. Wenn man diese Pflanzen also in Ehegärtchen setzt, hat man ein weiteres Symbol für Treue in der Ehe.

Nachhaltigen Zauber für eine gute Ehe liefert auch Efeu, das Symbol der ehelichen Treue. Duft für angenehme Stunden bringen die Nachtviolen, die als Symbol dauerhafter Liebe gelten und die englische Rose 'Heritage' (was Erbe bedeutet). Der Frauenmantel bringt Zauberkraft für reichlichen Nachwuchs und Schutz für die Liebe.

Ein kleines Kräutergärtchen könnte nicht nur Würze, sondern auch zauberhafte Symbolkraft bringen.

Fruchtbarkeitszauber und Niederkunft

Früher war es vor allem die kräuterkundige weise Frau, die ja auch die Hebamme war, die wusste, welche Kräuter die Fruchtbarkeit steigern können. Da gab es vor allem das Mutterkraut schlechthin, den Frauenmantel.

Geburt

Wenn dann endlich die Zeit der Geburt gekommen war, galt es ganz besonders, die Mutter und das Kind vor Zauber zu schützen. Die Hebamme reichte der Gebärenden einige Büschel Beifuß in die linke Hand. Der Beifuß, der der Göttin Artemis, der Schutzgöttin der Gebärenden geweiht war, ist „ein sonderlich Frawenkraut", das die Geburt beschleunigen kann.

Das Johanniskraut, war man überzeugt, kann Dämonen vertreiben und Unheil abwehren. Außerdem räucherten die Hebammen den Raum mit Beifuß und auch anderen zauberabwehrenden Pflanzen aus. Natürlich verwendete die weise Frau aber auch Kräuter, die bei der Geburt die Schmerzen lindern können, sie beschleunigen und die Blutungen mildern.

Das Wort Hebamme ist abgeleitet von Heb-Ahnin. Zuerst wurde das Kind auf die strohbedeckte Erde gelegt und wenn die Hebamme sah, dass das Kind gesund und lebensfähig war, hob sie es in die Höhe, womit der Neuankömmling Teil der Gemeinschaft wurde.

Um das Kind in den ersten Stunden seines Erdendaseins zu schützen, wurden dem Badewasser gerne zauberabwehrende Kräuter beigesetzt. Besonders beliebt dafür war das Eisenkraut *(Verbena officinalis)*, das „stark wie Eisen" machen sollte.

Geburtsbaum

Weit verbreitet ist auch heute noch die Sitte, nach der Geburt eines Kindes einen Baum zu pflanzen. Oft wurde in die Pflanzgrube für den Baum auch die Plazenta, der Mutterkuchen, mitgegeben. Diesem Brauch lag der Glaube zugrunde, dass Leben und Gedeihen des Kindes mit dem Gedeihen seines „Geburtsbaumes" verknüpft sind. Bei der Geburt des Stammhalters pflanzte der stolze Vater meist eine Linde, obwohl dieser Baum als Venuspflanze eine durch und durch weibliche Ausstrahlung hat. Das germanische „lindi" bedeutet weich, mild. Aber vielleicht steckte die Überlegung dahinter, dass der Sohn beim Tanz unter dieser Linde seine Liebe finden könne. Es war auch üblich, Obstbäume zu setzen: einen Apfelbaum für einen Sohn und einen Nuss- oder Birnbaum für eine Tochter.

Fruchtbarkeits- und Geburtskräuter

Dost, Eisenkraut, Frauenmantel, Labkraut

Wochenbett

Die erste Zeit nach der Geburt, das Wochenbett, ist für Mutter und Kind eine besonders schutzbedürftige Zeit. Die Hebamme streute daher „Unser Frauen Bettstroh", die Kräuter, die der Freyja geweiht waren, in die Liegestatt. Welche Kräuter kamen als „Bettstroh" in Frage? Es waren in erster Linie die Johanniskräuter wie Quendel und Eisenkraut, Ziest und Schafgarbe; dazu kam noch honigduftendes Labkraut *(Galium verum)*.

~ DER FRAUENMANTEL ~

***Alchemilla vulgaris*, Familie der Rosengewächse (Rosaceae)**

Seine Blätter sind rosettenartig gefaltet und muten wie ein Mäntelchen an, das Frauen schützend einhüllen kann, weshalb die weisen Frauen ihn „Unser Frowen Mantel“ nannten und Frigga weihten, der germanischen Göttin, Hüterin der Häuslichkeit und Spenderin des Kindersegens. Sie nannten ihn aber auch „Synauwe“ oder „Sinau“, was „die Pflanze, die immer Tau trägt“ bedeutet.

Edle Wassertropfen

Als die Natur noch das einzige Buch war, in dem Kräuterkundige lesen konnten, musste aufgefallen sein, dass es sich nicht um denselben Tau handelt, der in den frühen Morgenstunden die Wiesen benetzt. Der Frauenmantel scheidet das Wasser nämlich durch feine Poren am Blattrand aus. Schon die Druiden begehrten dieses Pflanzenwasser, und im Mittelalter sammelten die Alchemisten die Wassertröpfchen, waren sie doch sozusagen von der Pflanze gefiltertes Wasser, also eine Art natürliches Destillat. Daher kommt übrigens auch der botanische Name „Alchemilla“.

Heilwirkung und Botanik

Nach der Christianisierung wurden Friggas Symbolpflanzen der Jungfrau Maria zugeordnet. So wurde die Pflanze zum „Marienmantel“ und der Wassertropfen zum „Himmelstau“. Der Frauenmantel war noch aus einem anderen Grund eine ideale Marienblume, denn er kann keimfähige Samen auch ohne vorausgegangene Befruchtung durch Pollen bilden. Er „pflanzt sich ganz im Sinne der unbefleckten Empfängnis nur eingeschlechtlich fort“.

Das ist aber wohl auch als Signatur einer Pflanze zu deuten, die wahrlich die Weiblichkeit und Fruchtbarkeit einer Frau stärken kann. Frauenmantel hilft aber nicht nur, die Funktion der weiblichen Organe zu stärken, er kann auch Blutungen stillen und Wunden heilen. Die germanischen Hebammen bereiteten Frauenmantel durch Sieden in Met zu. Dieser Trunk fürs Wochenbett förderte nicht nur die Genesung, sondern half auch, das gefürchtete Wochenbettfieber zu verhindern. Auch wenn der Frauenmantel von der Wissenschaft stiefkindlich behandelt wird, kann man all die traditionellen Anwendungen auch heute noch empfehlen.

Frauenmantel (Alchemilla vulgaris)

Dass das Labkraut schädliche Strahlungen abhalten kann, davon sind heute noch viele Rutengänger überzeugt. In früheren Zeiten war es als Bettstroh nicht nur für die Wöchnerin beliebt, sondern es wurde auch den Kranken entweder ins Bett gelegt oder als Kräutersträußchen an das Kopfende des Bettes gelegt. Eine Legende erzählt, dass das Labkraut ursprünglich weiße Blüten gehabt hätte. Nachdem aber Maria das Jesuskind in der Krippe auf Labkraut gebettet hatte, verwandelte sich seine Farbe in leuchtendes Sonnengold.

Der Dost *(Origanum vulgare)*, der auch Wohlgemut genannt wird, schützte ebenfalls Wöchnerin und Kind. Alle diese Kräuter sollen Schadzauber fernhalten und vor Neid und Missgunst schützen. Da sie alle aber wohltuende, antibakterielle ätherische Öle enthalten, schützten sie Mutter und Kind wohl auch vor ansteckenden Krankheiten.

Pflanzenzauber in der Kinderwelt

Früher spielten Pflanzen in der Welt des Kindes eine große Rolle. In Zeiten, in denen Kinder noch ungestört durch die Natur schweifen konnten, ließ sie der kindliche Spieltrieb Pflanzen finden, mit denen man allerhand Lustiges und Unterhaltsames treiben konnte. Überall wo Kinder sind, wurde und wird auch heut noch immer gespielt und gesungen. Den Birnbaum zu schütteln, um an seine Früchte zu kommen, wurde so zum lustigen Spiel.

Brauchtum und Heilwirkung

Aus den Stängeln des Löwenzahns konnten lange Ketten hergestellt werden, die man sich umhängte. Allerdings durfte man den Löwenzahn nicht nach Hause nehmen, denn sonst würde man ins Bett nässen. Diese Vorstellung hat sicher damit zu tun, dass der Löwenzahn, allerdings hauptsächlich seine Wurzel, einen so stark harntreibenden Tee ergibt, dass man ihn in Frankreich „pissenlit" nennt.

Viele der Kinderbräuche beim Beerensammeln sind leider verloren gegangen. So war es üblich, die ersten drei Beeren in die Luft zu werfen und zu versuchen, sie mit dem Mund wieder aufzufangen. Gelang es, dann „bringt man viel zusammen und regnen tut's auch nicht". Oder die Kinder legten die ersten drei Beeren, die sie fanden, auf einen Stein „für die armen Seelen", damit die Beerenernte besonders erfolgreich ausfallen sollte. Solche und ähnliche Bräuche hatten wohl ursprünglich den Sinn, als Opfer für die Waldgeister zu dienen. Viele Blumen dienten den Kindern als Wahrsagepflanzen. Ältere Semester kennen sicher noch den Brauch, von Blumen wie der Margerite oder dem Gänseblümchen die weißen Strahlenblüten auszuzupfen und sie mit folgendem Reim abzuzählen: „Kaiser, König, Edelmann, Bürger, Bauer, Bettelmann."

Bei etwas größeren Mädchen wurde daraus: „Er liebt mich von Herzen, mit Schmerzen, ein wenig, fast gar nicht, … "

Auch der Löwenzahn diente als Orakelpflanze.

Laute Töne

Auch zum Herstellen von Spielzeug konnten Pflanzen dienen. Eine Menge Spaß machte es Kindern, wenn sie mit einfachen Mitteln Musik oder doch zumindest Lärm machen können. Die Pflanzenwelt liefert wundervolle „Musikinstrumente" und je lauter und schriller die Töne, desto größer die Freude.

Halloween

Der Brauch, aus ausgehöhlten Früchten „Gespensterköpfe" zu machen, indem man Augen, Nase und Mund herausschnitzt und durch brennende Kerzen von innen aufleuchten lässt, erfreut sich als fixer Bestandteil von „Halloween" neuerdings auch in unseren Breiten großer Beliebtheit. Was dabei übersehen wird ist, dass es ein Fest in dieser Form bei uns nie gab. Samhain

~ DER LÖWENZAHN ~

Taraxacum officinale, Familie der Korbblütler (Asteraceae)

Seine gezähnten Blätter lassen an die Zähne des Löwen denken und er ist auf gut gedüngten Wiesen zahlreich anzutreffen.

Der Gärtner sollte ihm dankbar sein, denn über die langen Pfahlwurzeln des Löwenzahns kann er die zur Genesung der überdüngten Böden nötigen Nährstoffe und Spurenelemente aus den Tiefen des Bodens holen.

Der Löwenzahn, dessen Blüten wie winzige Sonnen aussehen, steht ganz im Einklang mit dem Tagesgestirn. Die Blüten öffnen sich am frühen Morgen und schließen sich am Nachmittag. Sie bleiben geschlossen, wenn sie keine Sonne „sehen“ können.

Nach der Blüte wird der Löwenzahn zur „Pusteblume“. Wenn es einem Kind gelingt, sämtliche dieser wie an winzigen Fallschirmen hängenden Samen wegzublasen, kann es sicher sein, dass es ein Glückskind ist und ihm noch Schönes im Leben bevorsteht. So viele Samen auf dem Fruchtboden noch stehen bleiben, so viele Kinder wird man später einmal haben, und so viele Samen an den Kleidern der Spielkameraden hängen bleiben, wenn man sie anpustet, so oft hat man an diesem Tag gelogen.

Löwenzahn (*Taraxacum officinale*)

war das Totenfest der Kelten, aus dem dann Allerheiligen wurde. Eine Auslegung des Namens „Halloween" führt ihn auf ein schnell gesprochenes „All Hallows' Evening" zurück. Das bedeutet „Abend aller Heiligen". In Großbritannien und auch hier zu Lande war es üblich, als Wegleuchte für die Totengeister Kohlrüben und später Zuckerrüben auszuhöhlen und von innen zu beleuchten. In dieser Geisternacht wagte sich niemand aus dem Haus. Nachdem dieser Brauch sich in Amerika etabliert hatte, ersetzte man dort die Rüben durch prächtige große Kürbisse, und die Totengeister wurden in gruseligen Kostümfesten wiedererweckt.

Früher waren die Jahre des Kindseins oft begleitet von einem vielfältigen Umgang mit Pflanzen und jahreszeitlichem Brauchtum. Ob solche Modeerscheinungen wie Halloween dafür ein Ersatz werden können, wird die Zukunft zeigen.

Pflanzen der Trauer und des Todes

Wenn das ganze Leben von Pflanzenzauber begleitet wird, dann muss dies wohl auch für den Tod so sein.

Hauswurz und Fette Henne

Viele Pflanzen wurden genau beobachtet, da man glaubte, dass sie baldigen Tod ankündigen könnten. Wenn die Hauswurz, die als Blitzschutz auf dem Dach wuchs, viele Blüten hatte, was normalerweise nicht jedes Jahr der Fall war, dann stand den Bewohnern des Hauses nichts Gutes bevor. Die Fette Henne *(Sedum telephium)* diente überhaupt zur Vorhersage, wann der Tod eintritt. Man hängte einen Stängel samt Blättern und Blüten an einen Faden über dem Bett des Kranken an die Stubendecke. Blühte die Fette Henne weiter, was bei einer solchen Saft speichernden Pflanze durchaus möglich ist, würde der Kranke wieder gesund werden. Wenn sie bald vertrocknete, stand dagegen der Tod bevor.

Holunder

Der Holunder war seit Urzeiten der heilige Baum des Hauses und der Sippenbaum, von dem die Hebamme die Kinderseelen holte, aber er war auch der Baum des Todes. Verdorrte der am Haus stehende Holunder, so wartete der Tod auf ein Familienmitglied. In manchen Gegenden wurde das Kreuz, das beim Begräbnis dem Sarg vorausgetragen wurde, aus Holunderzweigen gemacht. Dieses Kreuz steckte man auf das Grab und wenn es zu grünen begann, was bei der Zähigkeit des Holunders leicht eintreten kann, galt dies als Zeichen, dass der Verstorbene in den Himmel eingegangen sei.

Totenwache

Wenn des Menschen Herz aufhört zu schlagen und er seinen letzten Atem ausgehaucht hat, verlässt seine Seele die leibliche Hülle. Doch sie findet nicht sofort den Weg in die jenseitige Welt – so sagt es die Überlieferung vieler Völker. Während der Zeit der Totenwache ist die Seele noch nahe, doch in dieser Übergangsphase bedarf sie eines besonderen Schutzes vor negativen Einflüssen. Der Dämonen abwehrende Duft von Kräutern, der Rauch von Harzen, das Licht der Kerze, Gebete und Gesänge schützen die Seele, bevor sie sich auf ihre letzte Reise begeben kann.

> **Trauer- und Todespflanzen**
>
> **Buchs, Efeu, Eibe, Fette Henne, Hauswurz, Holunder, Rosen und Lilien, Weinraute, Zypresse**

Blumen und Kräuter spielten daher immer eine wichtige Rolle in den meisten Totenkulten. Pflanzen haben, wie Goethe sagte, eine „sinnliche" wie auch eine „übersinnliche" Dimension. Sie können daher Mittler zwischen dem Erdreich und dem Himmelslicht sein. Der Brauch, den Toten auf Blumen zu betten, ist uralt und wurde erstmals bei den Neandertalern belegt, wie Pollenanalysen zeigten.

Pflanzen „für das ewige Leben"

Das, was die Pflanzen duften lässt, sind so genannte ätherische Öle. Dieser Begriff kommt von „aither", Himmels-

äther – der flüchtige Duft strebt zum Himmel. Der Rosmarin hat als Kraut der Toten gleich große Bedeutung wie als Pflanze der Liebe und Ehe. Mit einem Rosmarinzweig wurde der Sarg mit Weihwasser besprengt und in manchen Gegenden wurde dem Toten auch ein Zweiglein mit in den Sarg gegeben.

Immergrüne Pflanzen gelten immer noch als Sinnbild der Unsterblichkeit und hatten früher eine wichtige Bedeutung im Totenkult.

Neben dem Rosmarin war vor allem die Weinraute *(Ruta graveolens)* eine ausgesprochene „Totenpflanze", die dem Verstorbenen aufs Bahrtuch gelegt wurde. Verstorbenen Kindern soll man einen Rautenkranz mit ins Grab geben, dann würden diese am jüngsten Tag zu goldenen Blumen. Der Arzt Mathiolus lobte aber eher die konservierende Wirkung der Raute: *„Wenn man die todten Leichnam mit Rauten einwickelt, so bleiben sie lang unverwesen."*

Auf das Grab pflanzte man ebenfalls immergrüne Gewächse wie z.B. den Buchsbaum *(Buxus sempervirens)*. Seine ledrigen Blätter und sein gesunder Wuchs, der nach jedem Rückschnitt wieder neue Zweige treibt, machten ihn zum Symbol der Unsterblichkeit und treuer Liebe über den Tod hinaus.

Die Eibe (Taxus baccata) war immer schon ein „Baum der Trauer".

Die Eibe *(Taxus baccata)* galt immer als unheimlicher Baum. Die mythologischen Vorstellungen der Antike erzählen, dass der „Baum der Trauer" den Weg zur Unterwelt säumt, wie Ovid schreibt: „Abwärts senkt sich der Weg von trauernden Eiben umdüstert."

Bei den Kelten war der hoch geschätzte Baum der Totengöttin Hel geweiht. Eibe war auch ein todbringender Baum, da man aus ihrem harten Holz Pfeile machte, deren Spitzen in tödlich giftigen Eibenblättersud getaucht wurden. Auch als Friedhofsbaum war sie sehr beliebt.

Mit der Zypresse *(Cupressus sempervirens)*, diesem obeliskartigen, tiefdunklen Baum verbindet sich die Vorstellung der Trauer und des Todes, und bis in die heutige Zeit ist sie der Friedhofsbaum südlicher Länder geblieben.

Unter den Blumen der Trauer und des Todes, die Gräber schmückten, war die Rose an erster Stelle. Als Symbol der Liebe, und zwar einer Liebe, die über den Tod hinaus noch andauert, wurde sie häufig neben die Grabstätten gepflanzt.

Die Lilie, allen voran die Madonnenlilie *(Lilium candidum)*, war eine echte Friedhofsblume.

~ DER EFEU ~

HEDERA HELIX, FAMILIE DER EFEUGEWÄCHSE (ARALIACEAE)

Ein immergrünes Gewächs mit großer Symbolkraft ist der Efeu. Er ist eine sehr ausdauernde Pflanze, die bis zu 20 Meter hoch klettern kann. Mit seinen Haftwurzeln kriecht der Efeu an Baumstämmen und Hausmauern empor, die er aber nur beschädigen kann, wenn bereits Risse vorhanden sind. Die Blätter sind höchst wandelbar, fünf- oder siebenlappig und die der blühenden Triebe eiförmig. Seine Altersform ist baumartig. In Griechenland war der Efeu dem Gott Dionysos geweiht, den er mit seinen Ranken vor den Blicken der rachsüchtigen Hera gerettet haben soll. Dionysos war auch der Gott des Weines und noch heute schmücken Winzer ihre Trinkstuben mit Efeuranken.

Zauber und Brauchtum

Was der Efeu einmal umschlungen hat, gibt er nicht mehr frei und hält diesem Objekt seiner Zuneigung auch über dessen Tod hinaus die Treue. Daher galt der Efeu immer in erster Linie als ein Symbol der Treue, vor allem auch der ehelichen Treue. Auf Grund seiner „Anlehnungsbedürftigkeit“ wurde der Efeu als weibliche Pflanze gesehen und zur ständigen Erinnerung an dieses Treuebewusstsein auch den Bräuten in den Hochzeitsstrauß gegeben. Wenn Grabstätten mit Efeu bepflanzt wurden, was im übrigen noch heute üblich ist, war dies die Nutzung des Symbols der Treue und des ewigen Lebens.

Efeu (Hedera helix)

Das Erinnerungsgärtchen

Nicht nur ans Grab sollte man Pflanzen setzen, deren Symbolkraft für Erinnerung steht. Auch im eigenen Garten könnte ein solches Plätzchen dazu dienen, sich all den Menschen und Angehörigen verbunden zu fühlen, die vielleicht weit fort oder schon von uns gegangen sind. Es sind primär die immergrünen Pflanzen, die als Symbole der Unsterblichkeit gelten, als Symbole der ewigen Erinnerung. Als Einfassung eines kleinen besinnlichen Erinnerungsgärtchens eignet sich die Thuja ebenso wie die Eibe.

Auch der Buchsbaum, ob in Form geschnitten, als Einfassung oder frei wachsend vor der Thuja-Kulisse, sollte mit seiner Symbolik von Treue und Liebe nicht fehlen.

Rosen symbolisieren die auch über den Tod hinaus dauernde Liebe. Um dies eindrucksvoll darzustellen, eignet sich die Strauchrose 'Schneewittchen'.

Beetgröße: 5,0 x 3,0 m
(Form abgerundet)

Das Erinnerungsgärtchen

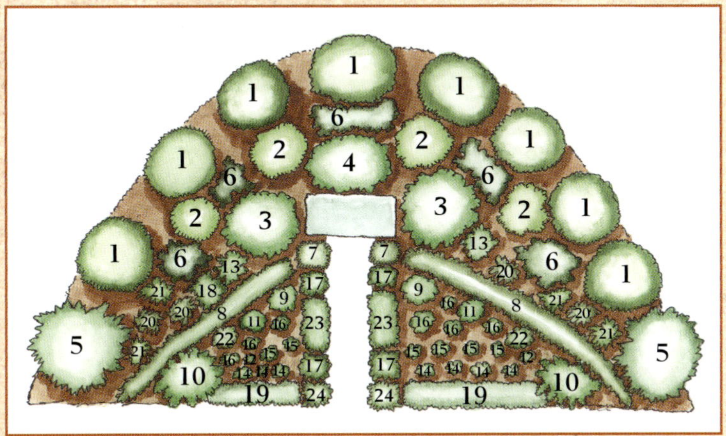

Nr.	Pflanze	Stück
1	***Thuja occidentalis,*** Lebensbaum	8
2	***Buxus sempervirens*** Buchsbaum	4
3	**Strauchrose** 'Schneewittchen'	2
4	**Historische Rose** 'Versicolor' (*Rosa* 'Mundi')	1
5	***Taxus baccata,*** Eibe	2
6	***Hedera helix,*** Efeu	5
7	***Rosmarinus officinalis*** Rosmarin	2
8	***Vinca minor,*** Immergrün	10
9	***Lilium candidum,*** Madonnenlilie	2
10	***Acanthus mollis,*** Bärenklau	2
11	***Narcissus poeticus,*** Narzisse	6
12	***Crocus*** in Sorten, Krokus	6
13	***Polemonium caeruleum*** Jakobsleiter	6
14	***Convallaria majalis*** Maiglöckchen	14
15	***Viola cornuta*** 'Molly Sanderson' Horn-Veilchen	12
16	***Viola odorata*** 'Königin Charlotte' Duft-Veilchen	14
17	***Viola wittrockiana*** Hybriden Stiefmütterchen	20
18	***Dicentra spectabilis,*** Tränendes Herz	1
19	***Santolina chamaecyparissus*** Heiligenblume	10
20	***Carex conica*** 'Hime Kansuge' Blauschwingel	4
21	***Luzula nivea,*** Waldmarbel	4
22	***Calendula officinalis*** Ringelblume	10
23	***Tagetes*** in leuchtend gelben Sorten, Studentenblume	20
24	***Sempervivum tectorum,*** Hauswurz	6

Die historische Rose 'Versicolor' (*Rosa* 'Mundi') war die Lieblingsrose der Fair Rosamond, einer Geliebten Heinrichs II, die sie in ihrem Schlösschen kultivierte.

Der Rosmarin ist die Pflanze der immer währenden Erinnerung und sollte, da nicht winterhart, im Topf wachsend die Steinbank flankieren. Das Immergrün mit seinem gleichmäßigen Bild im Sommer wie im Winter ist Symbol der Beständigkeit, Treue und des ewigen Lebens.

Acanthus mollis, Bärenklau, war bei den Griechen das Symbol des Lebens nach dem Tode und Krokus und Narzissen die Pflanzen der Erinnerung an die Toten. Die Lilie soll als Gruß des Toten an die Hinterbliebenen oft von selber wachsen, die Jakobsleiter mit ihren himmelblauen Blüten wurde als Leiter zum Himmel gesehen. Ringelblume und Tagetes mit ihren gelben Blüten sind in Mexiko die Totenblumen und könnten mit ihrem strahlenden Gelb zum Himmel leuchten. Das Stiefmütterchen wird französisch „Pensée“, Gedenkemein, genannt und sollte daher ebenso im Erinnerungsgärtchen nicht fehlen.

Zauberpflanzen für Gesundheit und zum Abwehren von Schaden

Symphathiezauber

Viele Pflanzennamen zeigen die Verwendung der Pflanzen zu Heilzwecken an. Beinwell *(Symphytum officinale)* und Fieberklee *(Menyanthes trifoliata)* sind auch heute noch verbreitete Namen, andere dagegen sind regional erhalten geblieben: Odermennig *(Agrimonia eupatoria)* heißt „Heilandskraut", weil er gegen alle Leiden helfen soll und Ähnliches vermittelt auch der Name „Heil aller Welt" für den Ehrenpreis *(Veronica officinalis)*. Die Anwendung dieser Heilpflanzen in aufbereiteten Arzneien, ob Tee oder Kräuterschnaps, war nicht nur den gelehrten Doktoren, sondern ebenso den weisen Frauen und auch dem einfachen Volk geläufig.

Es gab aber noch eine andere Form der Anwendung: Wenn die Mittel auf übernatürliche Form wirken sollten, griff man auf die „sympathetische" Wirkung zurück.

Dieser Sympathiemedizin lag ein magisches Weltbild zugrunde, in dem alles mit allem verbunden ist. Die Sympathieheilkunde lehrte, dass alles auf dieser Welt durch ein magisch-magnetisches Band miteinander verbunden sei, gegenseitig aber in einer Sympathie oder Antipathie stehe, die die Grundlage zur Übertragung von Krankheiten bilden soll. Es galt daher, zwischen dem Kranken und einer Pflanze eine sympathische Verbindung herzustellen, das heißt, die Pflanze an seinem Leiden teilhaben zu lassen. Entweder besaß die Pflanze die stärkeren Kräfte und besiegte das Leiden oder sie ging selbst zugrunde.

Damit „starb" aber auch das Leiden und der Kranke konnte wieder gesund werden. Dabei war es meist nicht notwendig, die Heilpflanzen in üblicher Form anzuwenden, es reichte, wenn man sie in Form eines Amuletts bei sich trug.

Gicht

Vor allem von Bäumen meinte man, dass sie viel Kraft hätten, Krankheiten und Beschwerden zu übernehmen: Die Fichte und die Birke galten schon immer als Pflanzen, die Gicht heilen können. Um Mitternacht geht der Betroffene mit seinen Krücken zu einer Birke und sagt: *„Ich stehe hier vor Gottes Gericht und verknüpfe meine Gicht. Alle Krankheit am Leibe in dieser Birke bleibe."*

Dann kann der Kranke hoffentlich ohne Krücken nach Hause gehen. Sollte das noch immer nicht helfen, suche man eine Eiche:

*„Eichbaum, ich klage dir,
die Gicht, die plaget mir,
Ich wünsche, dass sie mir vergeht
und in dir besteht“.*

Fieber

Der Holunder wurde als besonders gut geeignet betrachtet, Krankheiten zu übernehmen: Holunderblütentee ist nicht nur fiebersenkend, sondern auch immunstärkend.

Das Fieber wird in der Sympathiemedizin überhaupt oft genannt, vermutlich deshalb, weil man gerade dem Fieber dämonischen Ursprung zugeschrieben hat.

Warzen

Ein wichtiges Kapitel der Sympathiemedizin war das Vertreiben von Warzen. Auch heute noch empfinden die Menschen Warzen als bedrohlich, vor allem wegen ihrer geheimnisvollen Herkunft. Warzen erscheinen plötzlich, beginnen zu „blühen“ und verschwinden dann meist von selbst. Früher gab es kundige „Wender“, die viele Sprüche kannten, mit denen die Warzen „besprochen“ wurden. Meist wandten aber auch die Wender Sympathiezauber an.

Beispielsweise versuchte man früher Warzen mit grünen Nüssen zu vertreiben. Man rieb die lästigen Auswüchse mit der Nuss ein und vergrub diese dann unter einer Dachtraufe. Dass man aber mit dem Milchsaft einiger Pflanzen wie dem Schöllkraut *(Chelidonium majus)*, der Wolfsmilch *(Euphorbia cyparissias)* oder dem Löwenzahn *(Taraxacum officinale)* die Warzen schrumpfen lassen kann, wussten früher alle Kräuterfrauen. Auch heute ist dies noch gebräuchlich und man braucht eigentlich keinen Zauberspruch dafür. Der Milchsaft hat eine nekrotisierende, also gewebszerstörende Wirkung auf die Warzen.

Pflanzenzauber gegen Schadenszauber

Schadenszauber, darunter verstand man jene Art von Zauber, die zum Schaden von Mensch und Vieh eingesetzt werden konnte. Man war ja von der Existenz dämonischer Wesen überzeugt. Die alten Götter und Naturgeister waren durch das christliche Weltbild plötzlich zu bedrohlichen Gestalten geworden. Die Alben waren in den keltischen Überlieferungen freundliche Elfen, doch nun waren sie Geister, die in der Nacht in die Schlafstuben schlichen und Albträume verursachten. Auch die Druden konnten den Schlaf stören. Darunter verstand man Geister meist weiblichen Geschlechts, die sich auf die Brust des Schlafenden setzen und so zu Albdrücken führen. Es gab auch die Vorstellung, dass manche Frauen vom Schicksal zur Drude bestimmt sind und ihre Seelen nachts den Körper verlassen und als Druckgeister Mensch und Tier quälen.

Nicht nur das nächtliche Drücken musste abgewehrt werden, es gab eine Fülle anderer Bedrohungen!

Mutterkorn und LSD

Der „Bilwis“ war der Korndämon, der dem Getreide Schaden zufügen konnte. Er war der „Unhold“, der „Windgassen“ in das Getreide legte und giftiges Mutterkorn ausstreute. Mutterkorn ist die überwinternde Form des Kornpilzes *(Claviceps purpurea)*, das, wenn es in größerer Menge im Getreide zu finden war, zu epidemieartig auftretenden Vergiftungen führte. Es ist leicht vorstellbar, dass man solche Vergiftungen, deren Ursache nicht ersichtlich war, dem Treiben von Hexen und Dämonen zuschrieb.

Die wahren Hexen, die weisen Frauen, kannten das Mutterkorn allerdings sehr gut, denn sie gebrauchten das hochgiftige Mittel in der Geburtshilfe. Die Mutterkornalkaloide haben zwei antagonistische Wirkungsprinzipien: Einerseits sind sie wehenanregend, andererseits stillen sie die Nachgeburtsblutungen. Welch umfassendes Wissen Hexen hatten, kann man daraus ersehen, dass Mutterkorn in der modernen Medizin ein unverzichtbares Medikament nicht nur in der Geburtshilfe geworden ist, wo die beiden antagonistisch wirkenden Alkaloide getrennt und isoliert ange-

~ DER SALBEI ~

Salvia officinalis, Familie der Lippenblütler (Lamiaceae)

Name und Zauber

Der Salbei wächst im Mittelmeerraum auf sonnigen Felsen hinter der Küste und sollte daher auch im Garten einen sonnendurchfluteten Platz erhalten.

Salbei galt als Universalheilmittel, was sich sowohl in seinem lateinischen Namen *Salvia*, von „salvere" = gesund sein, sich wohl fühlen, als auch im eingedeutschten „Salbei" ausdrückt. Er galt auch als Mittel zur Unsterblichkeit, vermutlich weil ein großer Teil seiner Blätter grün überwintert, und wurde daher in vielen Lebenselixieren, Wundermixturen und Jungbrunnenwässerchen verarbeitet. Unsterblich machen kann Salbei nicht, doch viele der Volksanwendungen wie die „gegen Nachtschweiß" konnten sich auf Grund seiner hormonell anregenden Wirkung bestätigen lassen.

Salbei (*Salvia officinalis*)

Heilwirkung

Ein Rezept war, an neun Tagen hintereinander Salbeiblätter zu essen, wobei man mit neun Blättern beginnt und täglich um ein Blatt reduziert. Durch diese tägliche „Abnahme" der Salbeiblätter sollte auch das Fieber abnehmen.

Der Salbei war nicht nur in der Sympathiemedizin eines der am häufigsten erwähnten Mittel, er erfreute sich auch sonst großer Wertschätzung.

Ein berühmter Satz aus dem Heilkräuterwesen der Schule von Salerno (um 1300) weist darauf hin: *„Cur moriatur homo, cui salvia crescit in horto."* („Warum soll der Mensch sterben, wenn Salbei in seinem Garten wächst?")

wendet werden. Die halluzinogene Wirkung des Mutterkorns hat Albert Hofmann erforscht, es handelt sich um Lysergsäure, die später als synthetisch hergestelltes LSD zu zweifelhaftem Ruhm kam.

Der Bilwis, ein Naturdämon aus dem deutschen Volksglauben, ist heute vergessen, doch könnte es nicht sein, dass er noch immer seine Spuren legt und seine „Windgassen“ zu Kornkreisen wurden, jenen herrlich anzuschauenden künstlerischen Motiven in Getreidefeldern rund um den Globus?

Teufelsabwehr

Der Glaube an die Existenz des Teufels war in diesen spätmittelalterlichen Zeiten allgegenwärtig: Das Böse ist immer und überall, diesen Spruch kennt man schließlich auch heute noch. Da man den Teufel nicht auf den ersten Blick als solchen erkennen konnte, war es notwendig, Methoden zu entwickeln, mit denen man sich gegen ihn wehren konnte. Doch der Fürst der Hölle musste sich gefallen lassen, dass die Menschen ihn überlisteten, und was konnte da hilfreicher sein als Zauberpflanzen?

Pflanzen gegen Schaden

Der Teufelsabbiss *(Succisa pratensis)* erhielt seinen Namen daher, weil ein junger Arzt seine Seele mit Hilfe der Pflanze vor dem Teufel bewahren konnte, worauf dieser im Zorn die Wurzel abbiss. Die Flora diabolica nennt noch weitere Pflanzen. Die Kriechende Nelkenwurz *(Geum reptans)*, die auf Schutthalden und Hochgebirgswiesen wächst, hat einen Fruchtstand, der einem zerzausten Haarschopf gleicht, weshalb sie auch Teufelsbart oder Grantiger Jager genannt wurde.

Auch die Silberwurz *(Dryas octopetala)* und die Alpen-Kuhschelle *(Pulsatilla alpina)* haben ähnliche zerzauste Fruchtperücken und werden daher ebenfalls Teufelsbart oder Hexenbesen genannt. Mit so einem Haarschopf im Hutband fühlte sich der Jäger vor den Tücken des Teufels sicher. Auch die spektakulär aussehende Teufelskralle *(Phyteuma comosum)*, eine Kostbarkeit der Südalpen mit ihren krallenförmig gekrümmten Blüten, diente den Älplern im Hutband als Schutz vor dem Bösen.

Doch was war das alles im Vergleich zu den bösen Werken, die man den Hexen zuschrieb? Die Kuh gab keine Milch? Natürlich, sie wurde heimlich von der Hexe gemolken. Die kräuterkundige Weise Frau, die auch als Hebamme fungierte, war plötzlich auf Grund ihres Wissens verdächtig geworden. Aus der heilbringenden Frau war nun die „Malefica“, die Schadenszauberin, geworden. Und all die Kräuter, die die Weise Frau und Hebamme eingesetzt hatte, um die ihr anvertrauten Menschen vor bösen Kräften zu schützen, wurden nun zum Schutz gegen „Verhexen“ verwendet.

„Baldrian, Dost und Dill, dann kann die Hex' nicht, wie sie will“,
lautete ein Zauberspruch.

Berufkräuter

Eine besondere Kategorie von Gegenzaubermitteln stellen die Berufkräuter dar. Darunter verstand man nicht Kräuter, die Erfolg im Beruf herbeizaubern sollen, sondern Kräuter wider den Zauber des „Berufens“ oder „Beschreiens“.

Das Berufen kann durch Zaubersprüche, böse Worte oder abfällige Bemerkungen erfolgen. Zuviel Lob tut auch nicht gut, rühmendes Hervorheben von Glück oder Schönheit bringt Unheil, ist man auch heute noch oft überzeugt. Und es ist noch immer üblich, sich gegen Bosheitszauber oder durch übertriebene Schmeichelei verdeckten Neid zu wehren, indem man auf Holz klopft, dreimal ausspuckt und „unberufen“ oder „toi, toi, toi“ ruft.

Mobbing

Heute muss man sich eher gegen neidische Arbeitskollegen und eifersüchtige Nachbarn schützen und das Berufen hat eine neue Form angenommen – als Mobbing ist es allgegenwärtig.

Da ist doch zu hoffen, dass die Zauberkraft unserer Pflanzen noch nicht verloren gegangen ist und man sich gegen Mobbing und böse Neider wehren kann, indem man die richtigen Pflanzen bei sich trägt.

~ KRÄUTER GEGEN SCHADEN ~

DIE GUNDELREBE

Glechoma hederacea,
Familie der Lippenblütler
(Lamiaceae)

Die Gundelrebe wächst, wenn man sie lässt, in jedem Garten und kann lückenhafte Stellen in schattigen Bereichen einer Wiese mit ihrem kriechenden Wuchs und den rundlichen, aromatischen Blättchen bereichern.

Gundelrebe (Glechoma hederacea)

Name

Die Gundelrebe hat ihren Namen, laut Jacob Grimm, von der wunderheilenden Walküre Gunir, althochdeutsch Gundja, die diese Pflanze als Heilmittel verwendet haben soll.

Eine andere Deutung geht auf Gund, Eiter, Geschwür, zurück. Die Gundelrebe war jedenfalls eine alte germanische Heil- und Zauberpflanze. Die Menschen hielten sie für einen guten Pflanzengeist, den Gundermann, der bösen Zauber abhalten konnte.

Zauber und Wirkung

Der Gundelrebe schrieb man ganz besondere Zauberkräfte zu. Wenn die Kühe „verhext" waren und keine Milch gaben, so war der Gundermann hilfreich. Es ist kein Zauberspruch nötig, schon auf Grund der Inhaltsstoffe ist die Gundelrebe ein wertvolles milchförderndes Viehfutter und könnte auch modern wirtschaftenden Bauern empfohlen werden.

Die Gundelrebe hatte noch eine besondere Funktion als apotropäische Pflanze. Sie sollte helfen können, Hexen zu erkennen. Heutzutage braucht man keinen Gundelrebenkranz zum Erkennen von Hexen, sie bieten ihre Dienste über Internetseiten an und erzählen mit Freude über ihre vermeintlichen Fähigkeiten in allen Medien. Vielleicht könnten aber Süppchen, mit Gundelreben gewürzt, helfen, zu erkennen, wer einem gut oder schlecht gesonnen ist.

DER DOST

Origanum vulgare,
Familie der Lippenblütler
(Lamiaceae)

Eine ganz wichtige Pflanze zum Schutz gegen „Hex und Teufel" war der Dost.

Vorkommen

Diese aromatische Pflanze, die man nicht mit den als Gewürzkraut für südländische Gerichte wie Pizza verwendeten griechischen Oregano-Arten verwechseln sollte, wächst wunderschön rosa blühend überall, wo die Sonne ihre Kraft wirken lassen kann, also an Böschungen, Waldrändern und auf trockenen Wiesen. Auch wenn man keine Angst vor dem Teufel hat, kann nur empfohlen werden, den Garten mit Dost zu bereichern. Seine von Schmetterlingen umgaukelten und von Bienen umsummten Blüten können so wahrlich „wohlgemut" machen.

Zauber und Brauchtum

Früher nannte man den Dost „Wohlgemut", weil „die Pflanze Freude und guten Mut in den Menschen erwecke", wie die Kräuterkundigen überzeugt waren.

„Nicht nur, dass er böse körperliche und geistige Einflüsse vom Menschen fernhalte, den Teufel zur Flucht treiben … half, er … verlieh Lust zur Arbeit und gab dem Herzen Zufriedenheit", schreibt Erna Zimmerer in ihrem „Kräutersegen". Dem Dost wurde durch die Jahrhunderte die Fähigkeit zugeschrieben, „Hex und Teufel" vertreiben zu können und das Böse vom Menschen abzuhalten.

Viele Sagen ranken sich um den Teufel, der mit Dost vertrieben werden konnte, wenn er junge Mädchen verführen wollte. Der Dost wirkt vor allem dann besonders zauberabwehrend, wenn man ihn mit anderen Kräutern kombiniert. Er war eine der Pflanzen, die als „Bettstroh" die Wöchnerin vor bösen Einflüssen schützen sollte und gehörte auch zu den Kräutern für den Himmelfahrtsstrauß.

Dost (*Origanum vulgare*)

DER BALDRIAN

Valeriana officinalis,
Familie der Baldriangewächse (Valerianaceae)

Der Baldrian liebt feuchte Wiesen und modrige Gräben, was vielleicht zu dem speziellen Geruch seines Wurzelstockes beiträgt.

Mit seinen weiß-rosa Blütenschirmen, die luftig und leicht über den feinen Blättern „schweben", ist er aber wahrlich eine Pflanze Baldurs, des germanischen Lichtgottes, der auch zu seinem Namen beigetragen hat.

Brauchtum

Offenbar wegen seines eigenartigen Geruches galt der Baldrian seit alters als kräftiges Schutzkraut gegen Hexen und Teufelszauber.

Der getrocknete Wurzelstock des Baldrian riecht nämlich keineswegs aromatisch, sondern aufdringlich und eher unangenehm, manche erinnert er an Katzenharn.

Es sind auch die Katzen, die außer sich geraten, wenn sie diese Wurzel riechen.

Die Nasen der Hexen, dachte man, würde dieser Geruch aber beleidigen und zur Umkehr zwingen und auch der Teufel suche fluchtartig das Weite, wenn irgendeines seiner auserkorenen Opfer Baldrian bei sich hätte.

Um zu erkennen, ob Dämonen oder Hexen das Zimmer betreten, hängte man ein Bündel Baldrian frei schwebend an die Zimmerdecke. Diese „Unruhe“ begann sofort zu kreisen, wenn die Unholde – natürlich ohne die Tür zu öffnen – in den Raum gedrungen waren.

Baldrian (Valeriana officinalis)

Zauber und Wirkung

Wie auch andere stark duftende Kräuter galt der Baldrian als Mittel gegen die Pest und andere ansteckende Krankheiten. Daher wurde den Neugeborenen oft Baldrian in das erste Badewasser gegeben, um sie vor seuchenartigen Krankheiten zu schützen.

Heilwirkungen schrieb man dem Baldrian viele zu: gegen Seitenstechen, zur Stärkung der Augen, gegen Rückenschmerzen und den „kalten Seich“ (Harn). Gegen Ängstlichkeit und nervöse Zustände wurde der Baldrian auch empfohlen und diesen Rat kann man auch in der heutigen Zeit weitergeben.

LIEBSTÖCKEL, WEINRAUTE UND PFINGSTROSE

Nicht so weit gehen musste die Hausfrau, wenn sie sich gegen Zauber wehren wollte. Viele aromatische Küchenkräuter konnten ihr helfen, wenn sie vorhatte, Brot zu backen. Wenn man Dill zum Backofen mitnimmt, dann kann der Teig nicht behext werden. Liebstöckel *(Levisticum officinale)* half ebenfalls gegen Unheil aller Art. Außerdem schützte er vor „Hexenschuss", aber auch gegen Schlangenbiss und anderes giftiges Getier.

Die stärkste antidämonische Kraft schrieb man der Weinraute *(Ruta graveolens)* zu. Um das Gemüse vor bösen Einflüssen zu schützen, setzte man Rauten dazu.

Auch heute findet man noch in vielen Küchengärten Rautenpflanzen, die auf Grund ihres eigenartigen Geruches eigentlich nie als Küchengewürz verwendet werden. Auf Befragen, wozu die Pflanze denn dann hier wachse, erhält man oft mit verschmitztem Blick von der Bäuerin als Antwort, dass sie primär zum Schutz des Gemüses vor bösen Geistern diene.

Zu den Pflanzen, die dem Teufel und seiner Gefolgschaft besonders unangenehm sind, gehörte die Pfingstrose *(Paeonia officinalis)*. Vor allem die Samen sind dem dämonischen Volk zuwider. Noch bis in viel spätere Zeit hat sich die Sitte erhalten, Kindern Pfingstrosensamen in die Wiege zu legen und Ketten aus diesen Samen um den Hals zu hängen. Das sollte vor dem nächtlichen Aufschrecken schützen und auch zahnenden Kindern helfen.

Weinraute (Ruta gravolens)

Liebstöckel (Levisticum officinale)

Pfingstrose (Paeonia officinalis)

DORNENSTRÄUCHER UND WACHOLDER

Schon seit der Antike galten Dornensträucher im Volksglauben als besonders antidämonisch. Die frühen Siedlungen waren zum Schutz vor Dämonen und Geistern mit Dornenhecken umgeben und Dornen streckten sich den unerwünschten Eindringlingen aus dem „Reich des Bösen“ abwehrend entgegen.

Schlehdorn *(Prunus spinosa)* und Weißdorn (*Crataegus oxyacantha*), Hundsrose *(Rosa canina)* und Kreuzdorn *(Rhamnus cathartica)* sollten alles Böse abhalten. Um Gespenster und Unholde fern zu halten, befestigte man eine Dornenrute am Haus oder über dem Stall, denn man dachte, dass solch unerwünschte Besucher bereits zu zittern beginnen würden, wenn sie der Dornen ansichtig wurden. Auch Teufel und Hexen würden weichen, denn die Dornen waren ja auch Bestandteil der Dornenkrone Christi.

Der Wacholder *(Juniperus communis)* galt als Wundermittel gegen vielerlei Gebrechen und der Rauch von Wacholderkraut oder -holz vertrieb nicht nur Ungeziefer und Schlangen, sondern auch alle bösen Geister. Der Wacholder konnte den Teufel und seine Hexen bannen. Um die Milch vor dem Verhexen zu schützen, sollte man sie mit einem Wacholderstock rühren. In das Weinfass legte man einige Wacholderspäne, um den Wein vor dem Schlechtwerden infolge Verzauberung zu bewahren und der Bauer schnitt sich eine Pfeife aus Kranewittholz, weil aus diesem doch am „allergesündesten zu rauchen war“. In manchen Gegenden des Alpenlandes trugen die Männer Eichenlaub und Wacholderzweige zur Abwehr von bösem Zauber auf dem Hut und aus diesem Grund wurde in den „Rauchnächten“ um das Wintersonnwendfest Haus und Stall mit Wacholderbeeren und anderen duftenden Kräutern ausgeräuchert.

Wacholder (Juniperus communis)

MISTEL, STECHPALME UND EFEU

Im Winter dachte man, seien ja besonders viele Geister und Nachtdämonen, die „wilde Jagd“ unterwegs und daher schützte man sich dagegen mit Ausräuchern, aber auch, indem man das Haus mit Mistel, Stechpalme und Efeu schmückte. Diesen Brauch findet man zwar auch noch heute, aber der Hintergrund dafür ist nur noch selten bewusst.

Zauberkräuter

An Wegrainen und in trockenen Wiesen wächst eine Pflanze, der man so starke Wirkung gegen das Beschreien zusprach, dass sie Berufkraut *(Erigeron acre)* genannt wurde. Man sollte es aber nicht mit dem kanadischen Berufkraut *(Conyza canadensis)* verwechseln, das erst viel später bei uns eingewandert ist und auf Grund seines Samenreichtums zu einer echten Plage wurde. Die Indianer verwendeten es als blutstillende Heilpflanze und durchaus auch gegen Zauber, ob aber kanadische Zauberkräfte gegen heimische böse Zungen helfen, müsste erst erprobt werden.

Das heimische Berufkraut, das auch blaue Dürrwurz genannt wurde, dürfte da eher verlässlich sein. *„Die Weiber pflegen dies Kraut den Kindern in die Wiege zu legen und wollen sie hiermit von Zauberey bewahren“*. Es war auch üblich, die Kinder mit einem Absud von Berufkraut zu waschen. Wurde das Wasser daraufhin gallertartig, war es klar, dass das Kind beschrien war. Dann kochte man das Berufkraut ab, sagte dreimal den Namen Gottes und wusch das Kind nochmals, damit der Zauber weiche.

Das Berufkraut wurde auch im Stall aufgehängt, um das Vieh zu schützen. Baden in Berufkraut ist eine Möglichkeit, sich gegen Berufen oder auch den „bösen Blick“ zu schützen, einfacher scheint es für moderne Menschen zu sein, ein Amulett oder einen Talisman mit Berufkraut herzustellen und ständig bei sich zu tragen, dann könnte man hoffen, gegen böse Geister und missgünstige Menschen geschützt zu sein.

Andere Kräuter, die sich als Berufkraut bewährt haben, sind die Kohldistel *(Cirsium oleracea)*, die im Volksmund Verwaschkraut genannt wurde. Auch das Leinkraut *(Linaria vulgaris)*, der Ziest *(Stachys officinalis)*, die Sumpfschafgarbe *(Achillea ptarmica)* oder der Rainfarn *(Tanacetum vulgare)*, die durchaus leicht zu finden sind, könnte man als Hilfe gegen böse Neider versuchen.

Apotropäische Pflanzen

Apotropäische Pflanzen nennt man solche, die Zauber abwehren können, von „apotropaios“= griech. abwenden. Diese Pflanzen sollten vor allen Formen von Schaden durch Verhexung schützen, und ihre Zahl war groß. Es wurde sowohl wild wachsenden Kräutern und vor allem Bäumen als auch Heil- und Gewürzpflanzen aus dem eigenen Garten helfende Wirkung zugeschrieben.

Berufkraut (Erigeron acre)

Der apotropäische Blumentopf

Türkränze sind heute als dekorative Zierde am Hauseingang sehr populär, ohne dass sich die Besitzer deren Bedeutung als Ringzauber, der Unheil abwehren soll, bewusst sind.

Noch stärker könnte ein Blumentopf mit einer Maske und zauberabwehrenden Pflanzen beim Eingang wirken. Masken wurden und werden noch immer bei vielen Völkern dieser Welt verwendet. Sie dienen zur Vertreibung von Unheil und bösem Zauber, weshalb sie in Afrika als „Fallen für Geister" bezeichnet werden. Viele Keramikkünstler bieten heute Masken an, die – da frostbeständig – jahraus, jahrein ihre schützende Wirkung entfalten können.

Wählen Sie einen ausreichend großen Blumentopf oder Pflanzenkübel, in dessen Mitte eine Maske prangt und setzen sie dazu die Pflanzen, denen die stärkste zauberabwehrende Wirkung zugesprochen wurde: Baldrian, Dost und Dill. Auch Johanniskraut und Weinraute schützen vor bösen Energien, der Farn gilt universell als Zauberpflanze und die Gundelrebe hilft vielleicht zu erkennen, wer einem wirklich wohlgesonnen ist. Das Immergrün war den Kelten eine magische Pflanze, die die eigene Kraft stärken sollte und bringt Grün auch im Winter. Dazu könnte man zu dieser Zeit den Topf mit Zweigen der zauberkräftigen Mistel und mit Wacholder dekorieren.

Gefäßdurchmesser: ca. 1 m

Der apotropäische Blumentopf

Nr.	Pflanze	Stückzahl
1	***Valeriana officinalis,*** Baldrian	2
2	***Polystichum aculeatum,*** Schildfarn	1
3	***Ruta graveolens,*** Weinraute	1
4	***Origanum vulgare,*** Dost	1
5	***Hypericum perforatum,*** Johanniskraut	1
6	***Anethum graveolens,*** Dill	1
7	***Glechoma hederacea,*** Gundelrebe	5
8	***Vinca minor,*** Immergrün	3

Die Energiespirale gegen bösen Zauber

Vor dem Teufel und seiner Gefolgschaft hat kaum jemand mehr Angst. Negative Energien, die man früher als Schadenszauber verstanden hat, sind aber auch heute noch allgegenwärtig. Bösartige Nachbarn, Gehässigkeiten und Kleinkrieg von eifersüchtigen Arbeitskollegen, heutzutage Mobbing genannt, kosten viel Kraft.

Die Spirale wird als jene Form betrachtet, die aller Energie zu Grunde liegt, von der DNA, der Erbsubstanz über die Elektrobewegungen bis zu Wasserstrudeln. Die Spirale ist Symbolzeichen unendlicher Bewegung und der Erneuerung des Lebens.

Ein Beet in Spiralform kann daher helfen, Energie aufzubauen. Wenn es mit Pflanzen bewachsen ist, die eine vor negativen Energien schützende Wirkung haben sollen, müsste es besonders viel innere Stärke vermitteln können.

Baldrian, Johanniskraut, Beifuß, Dost und Weinraute, das sind die klassischen Pflanzen, die gegen bösen Zauber schützen. Ebenso wirken Farnkraut und Eisenkraut.

Als Berufkräuter gegen negative Sprüche und bösen Blick helfen Leinkraut und Labkraut.

Alle diese Pflanzen zählen zwar zu den Wildpflanzen, sie können aber auch in Beeten durchaus dekorativen Reiz ausüben.

Die Pflanze, die namentlich als Berufkraut *(Erigeron acre* oder *annua)* bezeichnet wird, kennen die meisten Menschen nur als „Unkraut", das sich noch dazu entsetzlich aussät. Vermutlich wird sie in Saatgutkatalogen kaum zu finden sein, da sie aber überall wächst, kann man sie leicht finden und in der Spirale ansiedeln. Allerdings muss sie in ihrer Ausbreitung durch stetes Entfernen eingeschränkt werden.

Energiespirale gegen den bösen Zauber

Gesamtdurchmesser: ca. 4 m

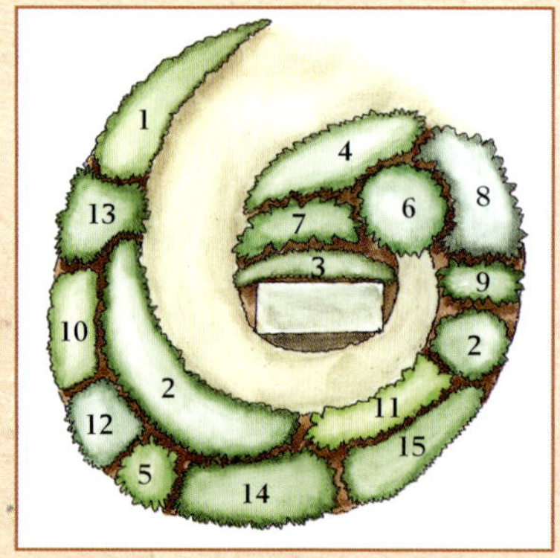

Nr.	Pflanze	Stk.
1	***Glechoma hederacea*** Gundelrebe	7
2	***Origanum vulgare*** Dost	12
3	***Hypericum perforatum*** Johanniskraut	5
4	***Valeriana officinalis*** Baldrian	7
5	***Ruta graveolens*** Weinraute	2
6	***Paeonia officinalis*** 'Rubra Plena', Pfingstrose	1
7	***Dryopteris filix-mas*** Wurmfarn	5
8	***Artemisia vulgaris*** Beifuß	3
9	***Gentiana cruciata*** Kreuzenzian	3
10	***Erigeron annua,*** Berufkraut (Ersatz: Erigeron 'Karvinskianum', Dauerblüher)	3
11	***Stachys officinalis*** Ziest	7
12	***Linaria vulgaris*** Leinkraut	7
13	***Tanacetum vulgare*** Rainfarn	3
14	***Verbena officinalis*** Eisenkraut	7
15	***Galium verum*** Labkraut	7

Allerlei Pflanzenzauber

Glücksbringende Kräuter

Vielfältig, dachte man, ist die Wirkung von Zauberpflanzen. Sie sollten sowohl Erwünschtes herbeizaubern als auch Übel fernhalten.

Karg war das Leben der Mehrheit der Menschen in früheren Zeiten, groß daher der Wunsch, reich zu werden oder wenigstens Hunger und Not zu entgehen. Glücksbringende Kräuter sollten dabei helfen.

Man sprach ihnen unterschiedliche Wirkungen zu, wobei auch die Signatur eine wichtige Rolle spielte. Bei geheimnisvollen und begehrten Pflanzen wie der Alraune brachte der Besitz alleine schon Glück.

Andere wieder wie das Tausendguldenkraut sollten helfen, Geld zu vermehren.

Mit Springwurz gewappnet war es möglich, geheime Schätze zu finden, und Schöllkraut und Frauenmantel sollten helfen, Gold herzustellen. Wenn man dann noch eine passende Wünschelrute vom Haselstrauch hatte, war es möglich, alles zu finden, was der Mensch so brauchte.

Fliegenpilz (Amanita muscaria)

~ GLÜCKSBRINGENDE PFLANZEN ~

DIE ALRAUNWURZEL

***Mandragora officinarum*, Familie der Nachtschattengewächse (Solanaceae)**

(siehe auch Kapitel „Sagenhafte Kräuter")

Es ist Glück, wenn es gelingt, die Alraune im Garten zu kultivieren – sie gedeiht auf trockenen Böden, verträgt keine Staunässe im Winter und ist nur mit viel Geschick winterhart.

Glücksmännlein nannte man die Alraunwurzel und ihr glücklicher Besitzer konnte darauf hoffen, dass sie zu Geld und Ehren verhelfen würde. Allerdings musste man vorher sehr viel investieren, denn mit den Alraunwurzeln wurde ein schwunghafter Handel betrieben und ihr Preis war hoch. Je menschenähnlicher die Wurzel war, desto teurer war sie, und nur solche sollten Glück bringen. Man musste dieses „Wichtelmännlein" auch besonders pflegen: *„Wenn der Erdmann mit warmem Wasser und Wein gebadet ist, besprenge Haus und Vieh mit dem Badewasser"*, steht in dem Brief eines geachteten Leipziger Bürgers aus dem Jahr 1575 zu lesen.

Der Alraun brachte Glück und verdoppelte in stiller Nacht neben ihn gelegtes Geld. Er schützte vor jeder Art von Schadzauber und *„wenn du zu Gericht gehst, so stecke den Erdenmann unter den rechten Arm und du bekommst eine gerechte Sach, sei sie Recht oder Unrecht"*, schrieb der schon erwähnte Leipziger Bürger. Es gab fast nichts, zu dem der Alraun nicht imstande war. Natürlich wollte jedermann ein derartiges Wundermittel besitzen.

Die Folgen blieben nicht aus: Nicht nur, dass die *Mandragora*, die Alraunwurzel, manchmal mit Gold aufgewogen wurde, auch mussten alle möglichen Wurzeln herhalten, um als Alraune zu gelten.

Alraune (Mandragora officinarum)

DIE ZAUNRÜBE

***Bryonia dioica*, Familie der Kürbisgewächse (Cucurbitaceae)**

Besonders häufig wurde die Zaunrübe als Alraunwurzel verkauft. Dieser Wurzel musste nicht einmal durch Schnitzen ein anthropomorphes Aussehen gegeben werden; die Zaunrübe hat meist auch eigenartig geformte Wurzeln. Bei den slawischen Völkern stand sie als Amulettpflanze in hohem Ansehen.

Zaunrüben im Garten

Es wurde als glücksbringend betrachtet, wenn die Zaunrübe in Hof oder

Zaunrübe (Bryonia dioica)

Garten wuchs, und die Pflanze musste gut behandelt werden, da sie sich sonst rächte und statt Glück Unheil brachte. Eine Zaunrübe im Garten anzusiedeln ist nicht allzu schwer, sie liebt eher trockene Böden und kann mit ihrem kletternden Wuchs Zäune überwuchern.

Zauber und Brauchtum

Wenn man die Wurzel ausgrub, musste man eine Münze oder ein Stück Brot als Dankesopfer auf die Erde legen. Die ausgegrabene Wurzel wurde in Milch gebadet und in ein Tuch eingehüllt im Haus aufbewahrt. Auch als Liebeszaubermittel wurde die Pflanze verwendet. Eher abzuraten ist davon, sich durch den Genuss der Wurzel von angezauberter Liebe zu befreien – man dachte, dass die stark abführende Wirkung auch die nicht gewollte Liebe „abführen" könne.

DER WIESENKLEE

***Trifolium pratense*, Familie der Schmetterlingsblütler (Fabiaceae)**

Als Glücksbringer schlechthin gilt seit jeher der Klee, auch wenn ihn manche „Rasengärtner" weniger als Glück empfinden. Wegen der Dreizähligkeit seiner Blätter war der Wiesenklee schon in frühesten Zeiten eine Symbolpflanze. Für die Kelten war der Klee ein Glückssymbol.

Christliches Symbol

Der irische Nationalheilige St. Patrick machte daraus für die „heidnischen" Inselbewohner ein christliches Symbol der Dreifaltigkeit, indem er verdeutlichte, dass beim Klee drei Blättchen einem gemeinsamen Stiel entwachsen. Das Kleeblatt wurde so sehr zu einem irischen Symbol, dass man es auch in die Flagge aufnahm.

Anzahl der Blätter

Der Klee kann gelegentlich Mutationen zeigen und wächst dann zwei-, vier-, fünf-, sechs- oder sogar siebenblättrig. Für die Kelten hatte jede Zahl der Kleeblätter eine besondere Bedeutung. Vielfach gilt Klee mit mehr als vier Blättchen als unheilbringend. Für die Inselkelten, die Iren, ist das nicht der Fall: Ein fünfblättriges Kleeblatt verhilft zu Ruhm, ein sechsblättriges macht reich und ein siebenblättriges garantiert langes Leben und Wohlergehen.

Der vierblättrige Klee aber war schon immer der Inbegriff des Glücks. Er versinnbildlicht die perfekte Ausgeglichenheit. Vor allem, wenn man ihn zu einer magischen Zeit wie der Morgendämmerung oder etwa zu Johanni findet, ist er ein Garant für die Erfüllung jeden Wunsches. Der Klee mit vier Blättern, der vom Gartenhandel um den Jahreswechsel herum verkauft wird, ist eine Zuchtform des Sauerklees *(Oxalis tetraphylla)*, der mit dem Wiesenklee nicht verwandt ist.

Wiesenklee (Trifolium pratense)

DER FLIEGENPILZ

***Amanita muscaria*, Familie der Freiblättler (Amanitaceae)**

(siehe auch unter Kapitel Giftpflanzen)

Warum der Fliegenpilz gemeinsam mit vierblättrigem Klee, Hufeisen und rosigen Schweinen zum Gücksymbol wurde, ist nicht ganz klar. Einerseits wird der Fliegenpilz als Rauschmittel und giftige Pflanze verdammt, andererseits ist er ein beliebtes Motiv in Kinderbüchern. Wer „Alice im Wunderland" allerdings genauer liest, kann auch einiges über die halluzinogene Wirkung erfahren. Je nachdem, von welcher Seite des Pilzes Alice ein Stück abbricht, wird sie größer oder kleiner. Das kann so erklärt werden, dass die Wirkstoffe des Fliegenpilzes alles was groß ist, kleiner erscheinen lassen (Mikropsie) oder was kleiner ist, größer erscheinen lassen (Makropsie). Vermutlich ist es ganz einfach das wunderschöne Aussehen des Fliegenpilzes und der Versuch, seine wahre magische Bedeutung zu verniedlichen, weshalb der Pilz zu einem „harmlosen" Glücksbringer „umfunktioniert" wurde.

Fliegenpilz (Amanita muscaria)

DAS TAUSENDGULDENKRAUT

***Centaurium erythraea*, Familie der Enziangewächse (Gentianaceae)**

Einigen Pflanzen wurde ganz speziell die Zauberkraft zugesprochen, Geld vermehren zu helfen. Auch die Alraune zählt zu ihnen. Wenn eine Pflanze Tausendguldenkraut genannt wird, vermutet man doch, dass sie vielleicht zu tausend Gulden, sprich: zu Reichtum verhelfen könne. Doch der Name hat mehr mit der Heilwirkung der Pflanze zu tun. Als die Erinnerung an die heilkundigen Zentauren, die für die ursprüngliche Namensgebung verantwortlich waren, verloren ging, versuchte man den Namen logisch zu deuten: „Centum" heißt auf Lateinisch hundert, „aurum" Gold. Also wurde die Pflanze zum Hundertguldenkraut, da man seine Heilkraft aber sehr schätzte, wurde der Name zu Tausendguldenkraut aufgewertet.

Tausendguldenkraut (Centaurium erythraea)

Wild wachsend ist das Tausendguldenkraut schon selten geworden, man sollte ihm daher im eigenen Garten einen Platz in sonnigen Beeten einräumen.

DIE PIMPERNUSS

***Staphylea pinnata*, Familie der Pimpernussgewächse (Staphylaceae)**

Sinnvoll könnte sein, einen Pimpernuss-Strauch in den Garten zu pflanzen, da er wild wachsend nur mehr selten zu finden ist. „Glücksnüsschen gefällig?", pflegten die herumziehenden Kräuterleute zu fragen und ließen dabei kleine, nussartige Gebilde in der Hand rasseln. Die Frucht der Pimpernuss ist eine kugelig aufgeblasene Kapsel, in der sich steinharte, kugelrunde Samen befinden, die als „Glücksnüsse" gehandelt wurden. Allerdings musste man, um wirklich Glück zu haben, eine Kapsel suchen, die genau sieben Nüsschen enthält,

Pimpernuss (Staphylea pinnata)

und auch von diesen musste man die richtige aussuchen. Wer allerdings diese „Richtige" in seiner Geldbörse trug, durfte sicher sein, dass ihm das Glück nie ausging.

DIE HASELRUTE

***Corylus avellana,* Familie der Birkengewächse (Betulaceae)**

Wenn nun all diese Zauberkräuter doch nicht verhindern konnten, dass Ebbe in der Geldbörse herrscht, sollte man sich vielleicht doch besser auf die Suche nach Schätzen machen. Der erste Weg dazu könnte die Suche nach einer Wünschelrute sein. „Die Wünschelrute ist ein Gabelzweig, vorzugsweise vom Haselstrauch, oder ein metallisches, gebogenes Gerät, das in der Hand geeigneter Personen, den Rutengängern, zum Aufsuchen unterirdischer Vorkommen von Wasser, Erzen und ähnlichem dienen soll", so nachzulesen in Meyers Konversationslexikon 1976. Wünschelruten kannten die Chinesen schon vor über 5000 Jahren, und die Etrusker hatten Aquileges (Rutengänger), die mit Haselruten verborgene Quellen aufdeckten.

Auch heute noch gilt bei den Radiästheten die Haselrute als bester Energiestromleiter. Nicht jeder ist feinfühlig genug, um unterirdische Strahlungen mit Hilfe solcher Wünschelruten orten zu können.

Haselnuss (Corylus avellana)

Doch vielleicht könnte es helfen, wenn man die Rute nach den alten Empfehlungen schneidet, damit sie eine echte „wunschiligerta" (von wünschen, zaubern), also eine Zauberrute ist.

Soll die Hasel als Wünschelrute wirksam sein, sollte man die magischen Pflanzenzeiten zum Schneiden nutzen, die Sonnwendzeiten und die Kreuz-Viertel-Tage. Unter diesen ist am wirkungsvollsten der Abend der Walpurgisnacht und die Mitternacht zu Johanni.

Traditionell benutzte man kein metallenes Messer zum Schneiden, sondern eine Flintsteinklinge.

DIE MISTEL

***Viscum album,* Familie der Mistelgewächse (Viscaceae)**

(siehe auch unter Kapitel Sagenhafte Kräuter)

Einfach zu finden ist die Mistel, da sie oft auf Obstbäumen wächst. Mit ihrer Hilfe glaubte man ebenfalls, verborgene Schätze finden zu können, Schlösser zu sprengen und auch Diebe, dachte man, könnten damit dingfest gemacht werden.

Mistel (Viscum album)

Christophskraut (Actaea spicata)

DAS CHRISTOPHS-KRAUT

***Actaea spicata,* Familie der Hahnenfußgewächse (Ranunculaceae)**

Das Christophskraut ist nach dem Nothelfer Christophorus benannt, der zum Erlangen von Reichtümern und beim Schatzgraben angerufen wurde. „Christoffeln" nannte man daher das Schatzgraben mit Hilfe des Heiligen. Man betrachtete ihn auch als Meister aller Dämonen, der guten wie der bösen. Mit seiner Hilfe konnte man daher die Geister beschwören, die verborgene Schätze bewachen. Natürlich war das Christophskraut beim „Christoffeln" hilfreich, wenn man die Pflanze an die Stelle legte, wo man Schätze vermutete. Der sie bewachende Geist musste weichen, und der Zugang wurde frei.

Im Garten könnte man schattige Plätze bereichern, wenn man das Christophskraut dort wachsen lässt. Aus den dekorativen weißen Blüten entwickeln sich erbsengroße, auffallend schwarz glänzende Beeren.

DIE SCHLÜSSEL-BLUME

***Primula veris,* Familie der Primelgewächse (Primulaceae)**

Die Schlüsselblume hat ihren Namen daher, dass an der Stelle in einer Wiese, wo der richtige Schlüssel zum Öffnen der Himmelspforte versehentlich hinfiel, plötzlich Blumen zu sprießen begannen, die an einen Schlüssel erinnern. Den Zugang zum Himmel kann man mit Hilfe der Pflanze dennoch nicht finden, wenn man sich nicht durch frommen Lebenswandel dessen würdig erweist. Jedoch wird von der Schlüsselblume in vielen Sagen erzählt, dass sie helfen könnte, Schätze zu finden. Eine Legende erzählt, dass die goldgelbe Blume einem Hirten das Felsentor zu einem Schatz öffnete. Geblendet und abgelenkt durch das viele Gold, ließ er aber die Blume im Berg liegen, obwohl ihm die Schlüsseljungfrau zurief: „Vergiss das Beste nicht!" So konnte der Hirte nie mehr zu den Schätzen zurückkehren, die Tür blieb ihm für immer verschlossen. Verborgene Schätze in Bergen sind vermutlich auch heute schwer zu finden, aber eine Wiese mit leuchtenden Schlüsselblumen kann in ihrer Pracht ein Schatz im Garten sein.

Himmelschlüssel (Primula veris)

Glücksgärtchen für Lottospieler und andere Jäger nach verlorenen Schätzen

Vielleicht haben Sie Bäume im Garten, die von Misteln befallen sind? Ärgern Sie sich nicht darüber, denn Sie könnten dort ein Glücksgärtchen anlegen.

Es kann dafür aber auch ein eher schattiger Winkel des Gartens genutzt werden. Denn es sind vor allem die Farne, denen man die Zauberkraft zusprach, das Geld nie ausgehen zu lassen. Da es so viele dekorative Arten gibt, könnte ein Farngärtchen ein wundervoll entspannender und gleichzeitig glücksbringender Platz im Garten werden. Schatten liefern Haselsträucher, die man auch zum Schneiden von Wünschelruten nutzt und die Pimpernuss mit ihren „Glücksnüsschen".

Beetgröße: 6,0 x 3,0 m

Ob das Salomonssiegel tatsächlich zum Heben verborgener Schätze dient, wird sich zeigen, wenn man es im Schatten der Sträucher sich selbst ausbreiten lässt. Auch das Christophskraut zum Erlangen von Reichtümern fühlt sich im Schatten wohl.

Am Wegesrand, der zur Bank führt, können sich das Gänsefingerkraut und das Tausendguldenkraut zur Bereicherung der Geldbörse ansiedeln lassen und auch die Schlüsselblume zum Sprengen aller Hindernisse zum Geldsegen sollte sich dort wohl fühlen.

Den vierblättrigen Klee muss man zufällig finden, damit er Glück bringt. Nett aussehen könnte aber eine aus Hohlziegeln gemauerte Sitzbank, in der man heimischen Sauerklee wachsen lässt. Er hat zwar nur drei Blätter, doch kann man beim Träumen von Reichtum an den sauren Blättern knabbern, die durstlöschend wirken.

Glücksgärtchen für Lottospieler und andere Jäger nach verlorenen Schätzen

Nr.	Pflanze	Stückzahl
	Eventuell ein Baum im Garten, der von Misteln befallen ist, ansonsten	
1	***Corylus avellana,*** Haselstrauch	3
2	***Staphylea pinnata,*** Pimpernuss	2
3	***Polygonatum odoratum,*** Salomonssiegel	5
4	***Polygonatum odoratum*** var. ***pluriflorum*** 'Variegatum'	2
5	***Polygonatum*** x Hybr. 'Striatum'	2
6	***Actaea spicata,*** Christophskraut	2
7	***Actaea pachypoda,*** Christophskraut	2
8	***Adianthum pedatum,*** Frauenhaarfarn	2
9	***Athyrium filix-femina,*** Frauenfarn	3
10	***Dryopteris affinis,*** Goldschuppenfarn	8
11	***Onoclea sensibilis,*** Perlfarn	2
12	***Osmunda regalis,*** Königsfarn	4
13	***Polystichum aculeatum,*** Schildfarn	2
14	***Primula veris,*** Schlüsselblume	24
15	***Centaurium erythraea,*** Tausenguldenkraut	12
16	***Potentilla anserina,*** Gänsefingerkraut	8
Einfassung der Bank:		
17	***Oxalis acetosella,*** Waldsauerklee	30

Zauberpflanzen, die helfen, nicht gesehen zu werden

Das Farnkraut mit seinen zierlichen Wedeln, die sich aus wunderschönen Spiralen entrollen, zog schon immer die Aufmerksamkeit der Menschen auf sich. Botanisch wurde dabei nicht unterschieden, denn geheimnisvoll sind alle Farne.

Hellsichtig werden mit Zauberkräutern

Einen Blick in die Zukunft des Schicksals zu werfen, sei es des eigenen oder eines fremden, wer möchte das nicht? Bei allen Völkern und in allen Religionen gab es Seher und Propheten. Viele waren hoch geachtet, aber es entspricht der menschlichen Natur, Übernatürliches zu wünschen und es gleichzeitig zu fürchten, ja als Werk dämonischer Kräfte zu verteufeln.

Da nicht jedem die Fähigkeit der Hellsichtigkeit gegeben ist, versuchte man auch unter Zuhilfenahme von Zauberpflanzen, zu solchen Imaginationen zu kommen.

Was ist „Hellsehen"?

Hellsehen definiert man als bildliches Wahrnehmen von entfernten Objekten oder anderen Zeiten. Pflanzen mit halluzinogenen Wirkstoffen können solche Bilderwelten entstehen lassen, doch auch viele andere Pflanzen helfen in der Hand kundiger Menschen, hellsichtiger und feinfühliger zu werden. Hier können nur einige anekdotische Ratschläge gegeben werden, die, wenn sie nicht helfen, mit Sicherheit nicht schaden.

Zukunftsweisende Kräuter

Im Volksglauben besonders bekannt und beliebt waren Kräuter, deren Wirkung so hellsichtig machte, dass man den Teufel und sein Gefolge trotz Verkleidung erkennen konnte. Diesen Kräutern sprach man dann auch gleich zauberabwehrende Wirkung zu. Der Baldrian zählt zu diesen Pflanzen. Ein anderer Rat für Wahrsager wäre, einen Absud aus Wacholderbeeren zu machen und zu trinken. In alpenländischen Kräuterbüchern wurde dem Wacholder zugesprochen, dass er Blinde sehend machen kann und darüber hinaus die Gabe verleiht, in die Zukunft zu sehen. Wie gesagt, wenn es nicht hilft, schadet es nicht all zu sehr, denn was man konkret von einem Wacholdertee erwarten kann, ist, dass er harntreibend und stoffwechselanregend wirkt.

~ DAS FARNKRAUT ~

Dryopteris filix-mas, Familie der Schildfarngewächse (Aspidiaceae)

Farne vermehren sich, ohne Blüten und Früchte zu entwickeln und sie wachsen im dämmrigen Waldschatten, der als Aufenthaltsort der Kobolde und Wichtel gesehen wurde. Gerade das Fehlen der Blüten und das urplötzliche Auftreten von goldglänzenden Sporenhäufchen auf der Unterseite der Blattwedel, aus denen hellgelber Staub rieselt, erregte die Aufmerksamkeit der Menschen und beschäftigte ihre Fantasie. Dass dieser Staub nicht die richtigen „Samen" der Pflanze sein können, hat man schon gewusst, doch wo waren dann die wirklichen Samen des Farnkrauts? Wenn sie sich so geheimnisvoll verbargen, konnten sie doch nur mit Hilfe geheimnisvoller Rituale gewonnen werden und mussten besonders starke Zauberkräfte in sich tragen. Tatsächlich werden erst durch Einwirkung des Wassers Archegonien und Antheridien vereint und bilden dann den Vorkeim, das so genannte Prothalium, aus dem die neue Pflanze entsteht.

Sammelzeiten und Zauber

Die Johannisnacht war besonders günstig zur Gewinnung des begehrten „Farnsamens". Wer die „Farnsamen" besaß, konnte in seinem Beruf so tüchtig sein wie zwanzig Männer. Zum Geld gelegt, bewirkte es, dass dieses nie ausging. Dem Jäger verhalf es zum nie fehlenden Schuss. Unedle Metalle ließen sich mit ihm zu Gold und Silber verwandeln. Beim Kartenspiel bekam man alle Trümpfe in die Hand. Er schützte vor Zaubereien und hielt Blitz und Unwetter ab.

Besonders begehrt war der „Farnsamen" aber deshalb, weil er seinen Träger mit einer Tarnkappe bedecken, also unsichtbar machen konnte. Im Sinne eines Analogiezaubers dachte man, dass ein Same, der „unsichtbar" ist, selbst unsichtbar machen müsse. Wer den Wunsch verspürt, unsichtbar zu sein, dem ist vielleicht damit geholfen, wenn er alle Zauberpflanzen bei sich trägt, denen die Wirkung des Unsichtbarmachens zugesprochen wurde: ein bisschen Alraunenwurzel, ein vierblättriges Kleeblatt, eine weiß blühende Wegwarte und natürlich noch Farnkraut.

Wurmfarn (Dryopteris filix-mas)

~ DER BALDRIAN ~

VALERIANA OFFICINALIS, FAMILIE DER BALDRIANGEWÄCHSE (VALERIANACEAE)

Vom Baldrian wird berichtet, dass er von Wahrsagerinnen verwendet wurde, weil er Hellsichtigkeit verleihen soll. Eigentlich zählt der Baldrian zu den Pflanzen, die Schadenszauber abwehren. Im Besonderen sollte er aber dazu verhelfen, zu erkennen, wer zur Gefolgschaft des Teufels zählt, also hellsichtig machen. Da das Gewerbe der Zukunftsdeuterinnen auch heute noch ausgeübt wird, sei folgender Ratschlag aus alten Zeiten gegeben: Erst einmal muss man erkennen, welche Baldrianpflanze weiblich und welche männlich ist. Dann setzt man Baldrian und Baldrine in zwei verschiedene Töpfe. Die stellt man vor den Kunden und lässt in jeden Topf Geldstücke legen. So verhilft der Baldrian zu unfehlbaren Aussagen über die Zukunft oder zumindest zu einer üppigen Bezahlung.

Baldrian (Valeriana officinalis)

Pflanzenzauber für Haus und Hof

Die Sorge um Haus und Hof, um Saat, Frucht und Ernte spielte im Leben der Menschen schon immer eine wichtige Rolle. Kein Wunder, dass man auch hier auf die zauberkräftige Wirkung von Pflanzen hoffte, sei es, um Schadenszauber abzuwehren oder um die himmlischen Mächte gnädig zu stimmen, damit das Wetter eine gute Ernte beschert.

Die Gewitterpflanzen

Ein Gewitter ist ein beeindruckendes Erlebnis, das den Menschen seine Machtlosigkeit gegenüber den Naturgewalten besonders stark verspüren lässt. Verständlich, dass man in früheren Zeiten hoffte, sich mit allerlei Zauber und Pflanzen dagegen schützen zu können. Manchen Kräutern sprach man zu, dass sie den Blitz anziehen würden, andere dagegen sollten das Gewitter vertreiben.

Blitzanziehende Pflanzen

Als „blitzgefährlich" erschienen meist Pflanzen mit roten Blüten. Der feuerrot blühende Klatschmohn *(Papaver rhoeas)* galt als besonders blitzanziehend, doch ganz im Sinne des Sympathiezaubers war man im Alpenland davon überzeugt, dass der Mohn ebenso vor dem Einschlagen schützen könne. Die dunkelrosa blühende Kornrade *(Agrostemma githago)* durfte trotz ihrer attraktiven Blüten nicht in die Johannissträuße gegeben werden, da sie den Blitz anziehen sollte. „Blitznägele" nannte man im Alpenland den Frühlingsenzian *(Gentiana verna)*, den man auf keinen Fall ins Haus bringen durfte. Zu warnen ist auch davor, Alpenrosen *(Rhododendrum ferrugineum)* bei sich zu tragen – wer es tut, den kann der Blitz erschlagen.

Blitzanziehende Pflanzen

Alpenrose, Feuerlilie, Frühlingsenzian, Klatschmohn, Kornrade

Gewitterabwehrende Pflanzen

Weidenkätzchen, die am Palmsonntag mit anderem frischen Grün ihre kirchliche Weihe erhielten, wurden in die Felder gesteckt, als Schutz gegen Gewitter, Hagel und Sturm. Einige Zweige behielt man im Haus und wenn ein Gewitter drohte, streute man die getrockneten Blütenkätzchen der Weiden auf den Herd. Der dadurch entstehende Rauch sollte dann die dunklen Gewitterwolken vertreiben.

Auch die Haselrute galt als wirksam, den Himmelsstrahl abzuwehren. Haselzweige, die zu Maria Heimsuchung (2. Juli) geschnitten wurden, steckte man gegen Blitzschlag ins Fenster.

Die Brennnessel *(Urtica dioica)* war in der altgermanischen Mythologie dem

Gewittergott Donar zugeordnet. Die berühmteste Gewitterpflanze war aber die Arnika *(Arnica montana)*. Haus und Stall schützte man gegen Blitzschlag und Hagel durch unters Dach gelegte und am Fenster angebrachte Arnikabüschel. Ebenso hilfreich war allerdings auch das Johanniskraut *(Hypericum perforatum)*, das auch Hartheu genannt wird. Meistens wurde mit dem Johanniskraut und anderen dazugestreuten Kräutern geräuchert.

Gewitterabwehrende Pflanzen

Arnika, Johanniskraut, Brennnessel, Hauswurz, Weidenzweige, Haselrute

Einen interessanten Brückenschlag zwischen altem Volksglauben und neuen Erkenntnissen bietet die Hauswurz *(Sempervivum tectorum)*, die auch Donnerwurz genannt wurde. Schon im „Capitulare de villis", der Landgüterverwendung von Karl dem Großen, wurde empfohlen: *„ ... der Landmann hat auf seinem Haus die Hauswurz zu haben."*

Unabhängig vom Glauben an eine Zauberwirkung hat man über die Jahrhunderte tatsächlich die Beobachtung gemacht, dass Häuser, auf denen Hauswurz wächst, weitaus seltener vom Blitz getroffen werden.

Zauberhafte Gartenbeete

Die Hauswurztreppe

Sempervivum ist der botanische Name der Hauswurz und das bedeutet „immer lebend". Die Hauswurz, die Pflanze des Jupiters und Donars, beide Götter Blitzeschleuderer und Donnerer, sollte Blitz und Donner vom Haus fernhalten.

Auf modernen Dächern wird es vermutlich schwierig sein, sie anzusiedeln. Von der Hauswurz gibt es aber Hybriden, alle äußerst dekorativ anzusehen, so dass es lohnt, sie rund ums Haus zu pflanzen. Hauswurzen sind so genügsam, dass sie auch direkt auf Beton wachsen, wenn man ihnen nur Spuren von Erde zukommen lässt.

Eine Hauswurztreppe wirkt sehr dekorativ, wenn man die Pflanzen in unterschiedlichen Gefäßen kultiviert. Hohe zylinderförmige Töpfe könnten quasi „Blitzableiterfunktion" übernehmen. In Kräutertöpfen mit seitlichen Pflanzöffnungen wächst eigentlich nur Hauswurz sehr zufrieden stellend. Flache Schüsseln

Ein Hauswurz-Steintrog

Troggröße: 50 x 30 cm

Ein Hauswurz-Steintrog

und quadratische Gefäße, Urnen und tulpenähnliche Steinvasen, die Fülle des Angebotes an Pflanzgefäßen ist groß. Man kann aber auch Recycling betreiben, alte Suppentöpfe mit Hauswurzen bepflanzen und sogar die Scherben von Tontöpfen können genutzt werden. Wenn man keine Stiege hin zum Haus hat, ist es möglich, ein Hauswurzgärtchen in einem Steintrog anzulegen.

Nr.	Pflanze	Stückzahl
1	***Sempervivum*-Hybr. 'Alpha'** grün mit braunen Spitzen, mittel	1
2	***Sempervivum*-Hybr. 'Commander Hay'** braunrot mit grün, groß	1
3	***Sempervivum*-Hybr. 'Mondstein'** bernsteinfarben, mittel	2
4	***Sempervivum*-Hybr. 'Othello'** purpur mit grüner Spitze, groß	1
5	***Sempervivum*-Hybr. 'Rotkopf', graurot, groß**	1
6	***Sempervivum*-Hybr. 'Rubin', rubinrot, mittel**	1
7	***Sempervivum*-Hybr. 'Seerosenstern'** grün mit brauner Spitze, groß	1
8	***Sempervivum*-Hybr. 'Nemrud Dagh'** grün mit roten Spitzen, mittel	1
9	***Sempervivum arachnoideum*,** Spinnwebhauswurz	2
10	***Sempervivum ruthenicum*,** Fettblatthauswurz kleine, grüne Rosette	3
11	***Sempervivum tectorum*** 'Bicolor' grün und bräunlich, groß	1

Die Hauswurz besiedelt hier ein Dach.

Die Hauswurztreppe

Nr.	Pflanze	Stückzahl
1	***Sempervivum***-Hybr. 'Alpha' grün mit braunen Spitzen	20
2	***Sempervivum***-Hybr. 'Ankogel' rostbraun, behaart	10
3	***Sempervivum***-Hybr. 'Commander Hay' braunrot mit grün	8
4	***Sempervivum***-Hybr. 'Gamma', braun	10
5	***Sempervivum***-Hybr. 'Jubilee' grün, leicht behaart	12
6	***Sempervivum***-Hybr. 'Mondstein' bernsteinfarben	14
7	***Sempervivum***-Hybr. 'Othello' purpur mit grün	12
8	***Sempervivum***-Hybr. 'Rotkopf', graurot	5
9	***Sempervivum***-Hybr. 'Rubin', rubinrot	7
10	***Sempervivum***-Hybr. 'Seerosenstern' grün mit braun	6
11	***Sempervivum***-Hybr. 'Smaragd', bräunlich	4
12	***Sempervivum arachnoideum*** Spinnenwebhauswurz	6
13	***Sempervivum montanum,*** Berghauswurz	4
14	***Sempervivum ruthenicum,*** Fettblatthauswurz	6
15	***Sempervivum tectorum***	3
16	***Sempervivum tectorum*** 'Atroviolaceum' grün mit rot	6
17	***Sempervivum tectorum*** 'Bicolor' grün und bräunlich	6
18	***Sempervivum tectorum*** 'Pseudoornatum' weinrot	10

Pflanzliche Wetterpropheten

Jahrhundertelang waren es genaue Beobachtungen der Menschen, die dazu verhalfen, das Wetter „vorherzusehen". Man verstand noch die Zeichen der Natur zu deuten, beobachtete den Mond und die Sterne, das Tierverhalten und man kannte die „Sprache der Pflanzen". Weil die Pflanze sich in einem natürlichen Kreislauf befindet, ist sie in der Lage, Luftdruckschwankungen, Temperaturveränderung und Witterungseinflüsse wahrzunehmen und darauf zu reagieren, noch lange bevor der Mensch diese erkennen kann.

Aufmerksame Menschen können daher durch Beobachtung der Pflanzen und ihrer Reaktionen feststellen, welches Wetter bevorsteht. Allerdings sind diese Reaktionen von Pflanze zu Pflanze unterschiedlich und daher für den Menschen nicht leicht erkennbar. Meist dient dieses Verhalten dem Selbstschutz der Pflanzen und soll sie vor Wetterschäden bewahren.

Sonnenkraut und Blumenuhr

Ein verlässlicher Wetterprophet ist die Ringelblume *(Calendula officinalis)*. Albertus Magnus, Gelehrter und Arzt im Mittelalter, nannte sie „sponsa solis", Sonnenbraut, zu denen er auch die Kamille, das Gänseblümchen, den Löwenzahn und die Wegwarte zählte. Sie alle richten sich stark nach der Sonne, sie drehen sich nach ihr, öffnen ihre Blüten bei Sonnenaufgang und schließen sie zu bestimmen Sonnenzeiten. Deshalb kann man diese Blumen auch als zeitaussagende Blumenuhren nutzen.

Die Ringelblume ist eine echte Sonnenbraut: ihre Blüten symbolisieren die Sonnenscheibe und zu Sonnenuntergang schließt sie ihre Blüten. Diese Blume öffnet ihre Blüten daher nur bei Sonnenschein.

„Wetterglas des armen Mannes" nannte man Acker-Gauchheil *(Anagallis arvensis)*, denn wenn die Luft feucht ist, öffnet er seine Blüten nicht und „verschläft" den dunklen Regentag. Auch die Vogelmiere *(Stellaria media)* zeigt das Wetter an. An schönen Tagen öffnet sie ihre Blüten um neun Uhr morgens und schließt sie um neun Uhr abends. Öffnen sich die Blüten ganz, wird es in den nächsten vier Stunden nicht regnen, bleiben die Blüten geschlossen, braucht man sicher einen Regenmantel.

Die Ackerwinde *(Convolvulus arvensis)* und ihre wunderschönen Verwandten, die Prunkwinden *(Ipomoea tricolor)*, öffnen die Blüten im Sommer ebenso wenig, wenn schlechtes Wetter bevorsteht wie der Milchstern *(Ornithogalum umbellatum)* im Frühjahr. Auch die Wegwarte *(Cichorium intybus)* prophezeit sonniges Wetter, ist aber auch ein verlässlicher Zeitanzeiger, da sie ihre Blüten zwischen vier und fünf Uhr morgens öffnet und gegen Mittag schließt. Regen kündigt der Sauerklee *(Oxalis acetosella)* an, indem er seine Blätter zusammenfaltet und die Blattstiele aufrecht stellt. Ebenso macht dies die Esparsette *(Onobrychis viciaefolia)*, ein durchaus dekorativ rosa blühender Schmetterlingsblütler.

Lindenblüten *(Tilia cordata)* duften noch intensiver, wenn Regen zu erwarten ist und auch Birken *(Betula pendula)* strömen dann einen besonders würzigen Geruch aus. Nachtviolen *(Hesperis matronalis)* erfüllen die Nacht mit äußerst intensivem Duft und das Labkraut *(Galium verum)* entwickelt einen fast betäubenden Geruch, wenn Regen im Anzug ist.

Schönwetterpropheten sind neben der Ringelblume auch das Buschwindröschen *(Anemone nemorosa)*, ein reizender Frühjahrsblüher, der sich leicht in Gärten ansiedeln lässt. Die kleine Bibernelle *(Pimpinella saxifraga)*, die mit hochstehenden Blättern, Stängeln und Blüten die Sonne erwartet, hilft noch dazu, wenn nasskaltes Wetter zu Erkältungen führt, als Tee gegen Husten.

~ DIE EBERWURZ ~

CARLINA ACAULIS, FAMILIE DER KORBBLÜTLER (ASTERACEAE)

Eine Pflanze, die das Wetter so verlässlich vorhersagen konnte, dass sie auch Wetterdistel genannt wurde, ist die Eberwurz. Sie wächst oft in großer Zahl auf Magerwiesen, steinigen Hängen und Weiden und schmückt diese mit ihren Silbersonnen. Auf einer von Stacheln starrenden Blattrosette sitzt der große Blütenkorb, von einem Strahlenkranz silbrig glänzender Hüllblätter umgeben. Im Garten könnte man ihren Anblick in sonnigen, eher trockenen Beeten genießen.

Die „Wettervorhersage"

Bei sonnigem Wetter sind die Hüllblätter weit geöffnet. Wenn feuchtes, regnerisches Wetter droht, schließen sie sich, um die Blüten vor Nässe und Kälte zu schützen. Dies hat mit Zauber nichts zu tun.

Durch Luftfeuchtigkeit, Wärme und Licht entstehen Spannungsunterschiede, die das Öffnen und Schließen der Blütenknöpfe bewirken. Die Eberwurz ist also nichts anderes als ein Hygrometer, ähnlich wie die Fichtenzapfen, deren Schuppen bei trockenem Wetter auseinander klaffen, bei nasser Witterung aber glatt zusammenschließen.

Zauber und Brauchtum

Die Eberwurz wurde auch als Zauberpflanze geschätzt. Wer diese Wurzel bei sich trug, sollte über die Kraft von zwölf Männern verfügen und alten Männern empfahl man Eberwurz, in Wein gesotten, als Kräftigungsmittel: „Wer das einnimmt, wird stark wie ein Eber."

Selbst die Kraft von Pferden könnte auf den Menschen übergehen, wenn man mit einer Eberwurz im Mund in einen Pferdestall geht. Der Name Eberwurz bezieht sich aber nicht auf die Kraft spendende Wirkung, sondern darauf, dass man meinte, die Schweine vor Rotlauf schützen zu können, wenn man eine Eberwurz auf den Trog nagelt.

Auch die Kühe sollten mehr Milch geben und vor Verhexung geschützt sein, wenn man ihnen mit einer Eberwurz dreimal über den Rücken streicht.

Eberwurz (Carlina acaulis)

Das Wetterprognose-beet

Es ist nicht Zauberei, sondern eine einfache physikalische Tatsache, dass Pflanzen uns kurzfristig das Wetter vorhersagen können. Schwieriger ist es mit langfristigen Prognosen: Wie wird der Winter?

Wann kommt der erste Schnee? Ein gemischtes „meteorologisches Beet“ hilft vielleicht, die Pflanzen genauer zu beobachten und dadurch wieder zu lernen, dass der Mensch auch Teil der Natur ist.

Durchmesser von Strahlenspitze zu -spitze: 5 m

Zauberhafte Gartenbeete

Die Ringelblume beispielsweise ist nicht nur eine wahre Sonnenzeigerin, sondern auch eine schöne Gartenblume. Gauchheil und Vogelmiere zählen dagegen zu den Pflanzen, die von fleißigen Gärtnern oft als „Unkräuter“ eliminiert werden. Es gibt aber keine Pflanzen, die nicht irgendeinen Nutzen haben, und so kann dieses Beet vielleicht zu einem naturkundlichen Musterprojekt werden. Doch keine Sorge, Pflanzen wie Frauenmantel, Königskerze und Prunkwinde sorgen dafür, dass das Beet dekorativer Mittelpunkt des Gartens wird. Der Platz für das Beet muss in voller Sonne sein. Ein weiterer Effekt kann entstehen, wenn das Beet in Sonnenform angelegt wird. Pflanzen können aber noch mehr, als nur das Wetter prophezeihen. Manche helfen, auf eine Uhr zu verzichten, weil sie zu bestimmten Zeiten ihre Blüten öffnen oder diese zu gewissen Stunden wieder schließen. Die Wegwarte öffnet die Blüten um vier Uhr morgens und schließt sie gegen Mittag, die Blüten blicken immer gegen Osten, man erspart sich also einen Kompass. Sie zeigen Schönwetter an, denn nur dann öffnen sich ihre Blüten. Als dekoratives Element für Freunde von Nachmittagstees sollte in dieser Rabatte eine Zierpflanze nicht fehlen, die Wunderblume, in England „four-o'clock-plant“ genannt, weil sie erst am Nachmittag ihre duftenden Blüten öffnet.

Das Wetterprognosebeet

Nr.	Pflanze	Stückzahl
1	***Populus tremula,*** Zitterpappel	1
2	***Calendula officinalis,*** Ringelblume	81
3	***Anagallis arvensis,*** Gauchheil	7
4	***Stellaria media,*** Vogelmiere	7
5	***Cardamine pratensis,*** Schaumkraut	7
6	***Oxalis acetosella,*** Waldsauerklee	7
7	***Ornithogalum umbellatum,*** Milchstern	5
8	***Onobrychis viciaefolia,*** Esparsette	5
9	***Galium verum,*** Labkraut	6
10	***Alchemilla vulgaris,*** Frauenmantel	18
11	***Anemone nemorosa,*** Buschwindröschen	5
12	***Pimpinella saxifraga,*** Kleine Bibernelle	5
13	***Carlina acaulis,*** Silberdistel, Eberwurz	9
14	***Verbascum densiflorum,*** Königskerze	5
15	***Agrimonia eupatoria,*** Odermennig	9
16	***Convallaria majalis,*** Maiglöckchen	5
17	***Viola odorata,*** Veilchen	7
18	***Arum maculatum,*** Aronstab	5
19	***Colchicum autumnale,*** Herbstzeitlose	7
20	***Calluna vulgaris,*** Heidekraut	7
21	***Hesperis matronalis,*** Nachtviole	18
22	***Ipomoea tricolor*** 'Heavenly Blue', Prunkwinde, muss laufend zurückgeschn. werden!	7
23	***Cichorium intybus,*** Wegwarte	8
24	***Mirabilis jalapa,*** Wunderblume	3
25	***Oenothera biennis,*** Nachtkerze	5

Orakelpflanzen für langfristige Wetterprognosen

Orakelpflanzen sollen helfen, Zukünftiges zu erfahren, um dann darauf vorbereitet zu sein.

Beliebt waren in früheren Zeiten Liebesorakel oder auch Schicksalsorakel. Diese wurden vor allem in der Zeit der Jahreswende befragt, denn wer will nicht wissen, welches Schicksal ihn im nächsten Jahr erwartet?

Pflanzen dienten als Zeiger, mit Hilfe derer man voraussagen konnte, ob der Winter früh kommt oder ob ein regenreicher Sommer bevorsteht. Durch die genaue Beobachtung des Wetters entwickelten sich auch viele Bauernregeln, die lange belächelt, aber heute sogar von Meteorologen, vielleicht mit ein wenig Augenzwinkern, weitergegeben werden.

Auch der Bauernkalender dieser „guten alten Zeit" erfreut sich wieder großer Beliebtheit, weil die Meteorologen sich eher selten zu langfristigen Wetterprognosen entschließen können. Eine nicht geringe Rolle für den Bauernkalender spielen der Mond, die Tierkreiszeichen und auch die Planeten, die auf „sympathetischem" Weg die Pflanzen und ihr Gedeihen beeinflussen. Man sollte nicht nachsichtig über solche Erkenntnisse lächeln, haben sie doch alle den Hintergrund intuitiver Beobachtungsgabe.

Um zu erahnen, wie das Wetter und die Ernte im kommenden Jahr werden, mussten die Orakelpflanzen ständig befragt werden. Die Christrosen *(Helleborus niger)* beginnen mancherorts tatsächlich nach Weihnachten zu blühen, wenn sie aber exakt zu Weihnachten blühen, dann darf man ein fruchtbares Jahr erwarten. Es gab aber auch den Brauch, zwölf Blütenknospen der Christrose in eine Vase zu stellen. Die sich öffnenden Blüten prophezeiten gutes Wetter für den betreffenden Monat, die geschlossenen Blüten schlechtes.

Wenn der Frühling ins Land zieht und die Zeit der Aussaat naht, war es besonders wichtig, das Pflanzenorakel zu befragen, denn aus dem Blühen gewisser Frühlingspflanzen lässt sich auf eine frühe oder späte Ernte schließen.

Saatorakel für das Frühjahr

Den Odermennig *(Agrimonia eupatoria)* muss man schon im Vorjahr beobachten, denn er blüht den ganzen Sommer hindurch. Seine Blütenbildung sagt an, wie man es im Frühjahr mit der Saat halten soll. Stehen die unteren Blüten dichter entwickelt, dann sollte man mit dem Aussäen erst später beginnen, sind an der Spitze mehr Blüten, darf man eine frühe Saat wagen.

Ernteorakel

Das Veilchen *(Viola odorata)*, eine der ersten Frühjahrsblumen, wurde als Ernteorakel genutzt: Wenn man vor Josephi (19. März) blühende Veilchen findet und der Buchenwald

Ernteorakelpflanzen

Holunder, Hundsrose, Maiglöckchen, Veilchen

vor Walpurgis (30. April) ausschlägt, gibt es eine frühe Ernte.

Das Maiglöckchen *(Convallaria majalis)* verhalf zu folgender Erntedeutung: Wenn vor Georgi (23. April) Maiglöckchen zu sehen sind, die im Inneren der Blütenkrone rote Streifen haben, so wird die Ernte viel Arbeit und wenig Nutzen bringen.

Die Blüten der Hundsrose *(Rosa canina)* verheißen eine gute Weinernte, wenn sie vor Maria Himmelfahrt reichlich blühen, ebenso wie dies der Holunder *(Sambucus niger)* anzeigen kann.

Winterorakel

Eine Frage, die die Menschen aller Zeiten interessiert, ist die, wie wohl der Winter werden wird. Wer die Zeichen der Natur deuten kann, kann vielleicht eine Prognose wagen.

Wenn der Augentrost *(Euphrasia* spec.*)* an der Pflanzenspitze besonders viele Blüten hat, ist mit einem frühen und strengen Winter zu rechnen.

Noch genauer gibt das Beobachten der Königskerzenblüten Auskunft: Tief am Stängel geordnete Blütenkränzchen bedeuteten frühen Schnee. Folgt auf die erste Blütenreihe wieder eine Blattrosette, so war nach dem ersten Schneefall eine längere Zeit nicht mit Niederschlägen zu rechnen. Stehen jedoch hoch am Stängel viele Blüten, dann stellen sich erst gegen Frühjahr hin Schneefälle ein.

Überhaupt konnte man je nach Tendenz der Königskerzen, wenige oder zahlreiche Blüten zu bilden, auf die Dauer des Winters schließen. Auch beim Heidekraut *(Calluna vulgaris)* zeigen reichliche Blüten bis an die Zweigspitzen einen strengen Winter an.

Ein schneereicher und sehr strenger Winter steht bevor, wenn der Germer *(Veratrum album)* besonders reichlich blüht und wenn die Herbstzeitlosen *(Colchicum autumnale)* schon früh zu blühen beginnen. Auch von der Fruchtbildung mancher Sträucher und Bäume kann man ablesen, wie der Winter wird. Sind die Früchte der Berberitze *(Berberis vulgaris)* lang und schmal, sollte es einen langen, aber milden Winter geben, sind sie dick und kurz, dann ist auch der Winter kurz, aber hart.

Winterorakelpflanzen

Augentrost, Berberitze, Brombeeren, Germer, Haselsträucher, Heidekraut, Herbstzeitlose, Schlehen

Viele Nüsse der Haselsträucher *(Corylus avellana)* ebenso wie viele Schlehen *(Prunus spinosa)* und Brombeeren *(Rubus fruticosus)* kündigen einen schneereichen, langen Winter an. Auch viele Eicheln bedeuten einen langen, strengen Winter mit viel Schnee, aber auch eine gute Ernte.

Orakelpflanzen heute?

Wenn das Jahr zu Ende geht, beginnt der Kreislauf des Befragens und Beobachtens der Orakelpflanzen von neuem.

Vielleicht gelten die wetterprophezeienden Beobachtungen früherer Zeiten in einer Welt, in der sich so vieles geändert hat, nicht mehr hundertprozentig. Doch wenn wir den Pflanzen mit wachen Sinnen begegnen und sehen, wie sie sich an Veränderungen anpassen, so helfen sie, zu erkennen, dass der Mensch noch immer Teil der Natur ist.

Pflanzenzauber gegen Laus und Maus

Läuse und Mäuse, Schnecken und Vögel, sie alle wollen zwar nur ein bisschen mitnaschen, sind aber das Lieblingsfeindbild jeden Gärtners. Es ist also nicht verwunderlich, wenn es auch zauberkräftige Ratschläge gegen diese Plagegeister gab.

Da man Mäuse, Ratten und Raupen entweder als elbische Wesen betrachtete, also als Zauberwesen in Tiergestalt oder Tiere, die durch übel meinende Wesen und Menschen zum Schaden herbeigezaubert seien, behalf man sich mit all den vielen Pflanzen, die gegen Schadenzauber schützen.

Bräuche gegen Schädlinge

Zu Ostern geweihte Weidenzweige steckte man in Äcker und Gärten, um sie vor bösem Zauber zu schützen. Auch die Johanniskräuter konnten nicht nur Hilfe gegen Blitz und Korndämon, sondern auch gegen alle

Ackerwinde (Convolvulus arvensis)

Schädlinge, die der Ernte zur Gefahr werden konnten, sein. Den Tieren ließ man ein bisschen von der Ernte zum Dank, dass sie diese vor größeren Schaden verschont hatten. Eine solche Haltung würde auch modernen Gärtnern vielleicht helfen, ein besseres Verhältnis zu ihren „schmarotzenden“ Gartenmitbewohnern zu bekommen.

Haus, Hof und Garten wurden zum Abschluss des Jahres während der Raunächte mit dem zauberabwehrenden Wacholder geräuchert.

Vermutlich kennen die heutigen Blattläuse und spanischen Wegschnecken diese Zauberkräfte nicht mehr, ein Versuch, ihnen mit zauberabwehrenden Pflanzen Einhalt zu gebieten, kann aber zumindest nicht schaden, ehe man wieder zu bewährten Maßnahmen wie Bierfallen, Schneckenzäunen oder Absammeln der Schnecken greift. Haben Sie Probleme mit gefräßigen Vögeln, die sich an ihrem Gemüse gütlich tun? Versuchen Sie folgenden Zauber: In eine Ecke des Gartens steckt man einen Brennnesselstock an einem Besenstiel und spricht dazu: *„Do Krah (Krähe), das ist dein, und was ich steck, das ist mein.“* Das soll auch mit entsprechender Änderung des Spruches gegen Raupen helfen.

Pflanzenzauber gegen Mäuse

Ob Wühlmäuse oder nette flauschig graue Nager in der Speisekammer, auch sie werden nicht gerade als Freunde der Menschen betrachtet. Vielleicht helfen einige der folgenden zauberhaften Ratschläge, sie zu vertreiben.

Die Königskerze *(Verbascum densiflorum)* wurde auch Unholdkerze genannt, da man ihr zauberabwehrende Wirkungen zuschrieb. Aber auch gegen Mäuse scheint dieses Kraut gewachsen zu sein: Getrocknete und natürlich möglichst im Himmelfahrtsstrauß geweihte Stücke der Pflanze wurden in die Mäuselöcher gesteckt und haben angeblich deren kleine Bewohner für immer vertrieben. Auch in der Speisekammer sollen Königskerzen die Mäusefallen ersparen helfen.

Der 4. Juli ist der Ulrichstag, der Tag des Mäusepatrons. Wenn man an diesem Tag um 12 Uhr mittags Wiesensalbei *(Salvia pratensis)* pflückt und in Scheunen und Vorratskammern oder in Mäuselöcher legt, dann bleiben die Nager fern.

Barbarazweige: bekannte Orakelpflanzen

Ein Brauch hat sich bis in die heutige Zeit unverändert erhalten – das Schneiden der Barbarazweige am 4. Dezember.
Meist sind es Kirschenzweige, doch früher wurden auch Zweige von Schlehdorn, Birken und Holunder dazu verwendet. Man stellt sie an einen warmen Ort, am besten in der Nähe des Ofens, ins Wasser und wenn sie bis Weihnachten die Knospen geöffnet haben, dann kann man für die Zukunft nur Gutes erwarten. Es wird ein fruchtbares Jahr werden, man wird gesund bleiben und vielleicht steht auch eine Hochzeit ins Haus.
Wenn heute die Menschen oft klagen, dass sie die Barbarazweige nicht zum Blühen bringen können, dann kann das natürlich auch davon abhängen, dass sie vor dem Schneiden einige Frostnächte erlebt haben sollten.

Und wenn das alles noch nicht geholfen hat, könnte man es mit Wermut *(Artemisia absinthium)* versuchen, der früher in die Kornspeicher gelegt wurde, um die Mäuse vom Getreide fernzuhalten. Bleibt nur zu hoffen, dass das Getreide bei solcher Nähe nicht die Bitterkeit des Wermut annimmt.

Zauberpflanzen für Fortgeschrittene

Einjährige und zweijährige Pflanzen					
Name lateinisch, deutsch	Lebens-dauer	Wuchshöhe in cm	Blütezeit (Monat)	Blütenfarbe	Standort
Anagallis arvensis, Gauchheil	I	10–15	VII–X	ziegelrot	○–◐
Calendula officinalis, Ringelblume	I	bis 50	VI–X	gelb, orange	○
Cheiranthus cheirii, Goldlack	II	40	IV–VI	viele Farben	○
Ipomoea tricolor 'Heavenly Blue' Trichterwinde	I	bis 200 Kletterpflanze	VII–X	blau	○
Myosotis sylvatica, Vergissmeinnicht	II	bis 40	V–VII	himmelblau	○–◐
Nigella damascena, Jungfer im Grünen	I	bis 50 cm	VI–IX	weiß, hellblau, rosa	○–◐
Oenothera biennis, Nachtkerze	II	50–100	VI–IX	gelb	○–◐
Tagetes tenuifolia, Studentenblume	I	20–30	VI–X	gelb, orange	◐
Verbascum bombyciferum, Königskerze	II–A	bis 180	VI–VIII	gelb	○
Viola tricolor, Stiefmütterchen	I–II	20–30	III–V	gelb mit lila	○–◐

Ausdauernde Pflanzen					
Name lateinisch, deutsch	Lebens-dauer	Wuchshöhe in cm	Blütezeit (Monat)	Blütenfarbe	Standort
Acanthus mollis, Bärenklau	A	80	VII–VIII	weiß-rosa	○–◐
Actaea spicata, Christophskraut	A	30–60	V–VI	weiß	○–◐
Agrimonia eupatoria, Odermennig	A	bis 130	VI–VIII	gelb	○
Alchemilla vulgaris, Gemeiner Frauenmantel	A	20–50	VI–VII	unscheinbar	○–●
Artemisia vulgaris, Beifuß	A	100–150	VII–IX	gelb	○–◐
Arum italicum, Aronstab	A	30	V–VI	grünlichweiß orangeroter Fruchtstand	◐–●
Carlina acaulis, Eberwurz, Silberdistel	A	30	VII–VIII	silberweiß	○
Chelidonium majus, Schöllkraut	A	bis 100	IV–X	gelb	○–◐

I = einjährig, II = zweijährig, A = ausdauernd

Name lateinisch, deutsch	Lebens-dauer	Wuchshöhe in cm	Blütezeit (Monat)	Blütenfarbe	Standort
Chrysanthemum Koreanum-Hybr. ***(Dendranthemum)*** 'Weiße Nebelrose', Margerite	A	80	IX-X	weiß	○
Convallaria majalis, Maiglöckchen	A	20	V–VI	weiß	◐–●
Dianthus barbatus, Nelke	II	40	VII–IX	hauptsächlich Rottöne	○
Dicentra spectabilis, Tränendes Herz	A	70	V–VI	altrosa und weiß	◐
Euphorbia cyparissias Zypressenwolfsmilch	A	bis 40	IV–VI	gelb, später rot	○–◐
Festuca glauca, Blauschwingel	A	15–25	–	–	○
Galium verum, Labkraut	A	bis 100	VI–IX	gelb	○–◐
Gentiana cruciata, Kreuzenzian	A	20–40	VII–XI	dunkelblau	○–◐
Hesperis matronalis (weißblühend) Nachtviole	A	60–70	VI–VII	lila	○–◐
Hypericum perforatum, Johanniskraut	A	50	VI–VII	gelb	○–●
Lilium candidum, Madonnenlilie	A	100	VI	weiß	○–◐
Luzula nivea, Waldmarbel	A	20–40	VI–VIII	braun	◐–●
Melissa officinalis 'Variegata', Melisse	A	50	VII–VIII	weiß	○
Menyanthes trifoliata Fieberklee	A	10–30	V–VI	weiß	Sumpf-pflanze
Onobrychis viciaefolia, Esparsette	A	30–60	V–VII	rosarot	○–◐
Origanum vulgare, Dost	A	40–70	VII–IX	rosa	○–◐
Oxalis acetosella, Waldsauerklee	A	bis 15	IV–V	weiß	◐–●
Paeonia officinalis 'Rubra Plena' Pfingstrose	A	60	V–VI	rot	○–◐
Polemonium caeruleum, Jakobsleiter	A	60	IV–VI	himmelblau	○–◐
Polygonatum odoratum var. ***pluriflorum*** 'Variegatum', Salomonssiegel	A	50	V	cremeweiß	○–◐
Primula veris, Schlüsselblume	A	15	IV	gelb	◐–●
Rosmarinus officinalis, Rosmarin	A	50	V–IV	hellviolett	○
Ruta graveolens, Weinraute	A	bis 80	VI–VII	gelbgrün	○
Salvia officinalis, Echter Salbei	A	bis 70	VI–VII	blauviolett	○
Santolina chamaecyparissus, Heiligenblume	A	30	V	gelb	○
Sedum telephium, Fette Henne	A	40	VI–IX	grüngelb bis rosa	○

Name lateinisch, deutsch	Lebens- dauer	Wuchshöhe in cm	Blütezeit (Monat)	Blütenfarbe	Standort
Symphytum officinalis, Beinwell	A	30–100	V–IX	rosaviolett	◐
Tanacetum vulgare, Rainfarn	A	bis 130	VII–IX	gelb	○
Thymus vulgaris, Thymian	A	30–40	V–IX	rosa-lila	○
Verbena officinalis, Echtes Eisenkraut	A	30–60	VII–X	blasslila	○–◐
Veronica officinalis, Wald-Ehrenpreis	A	15–30	VI–VIII	hellviolett	○–◐
Vinca minor, Immergrün	A	10	IV–V	blau	◐–●
Viola odorata 'Königin Charlotte'	A	10	III–IV und VIII–X	dunkelblau	○–◐
Viola cornuta 'Molly Sanderson' Veilchen	A	20	VI–X	tiefschwarz	○–◐

Farne

Name lateinisch, deutsch	Lebens- dauer	Wuchshöhe in cm	Blütezeit (Monat)	Blütenfarbe	Standort
Dryopteris affinis, Goldschuppenfarn	A	120	–	–	◐–●
Dryopteris filix-mas, Wurmfarn	A	80	–	Wedel einfach gefiedert	◐–●
Onoclea sensibilis Perlfarn	A	40	–	doppelt gefiederte Wedel	◐–● torfig, feuchte Böden
Osmunda regalis Königsfarn	A	80	–	doppelt gefiederte Wedel	◐–● torfig, feuchte Böden
Polystichum aculeatum, Schildfarn	A	40–50	–	dunkelgrüne Wedel	◐–●

Rosen

Name lateinisch, deutsch	Lebens- dauer	Wuchshöhe in cm	Blütezeit (Monat)	Blütenfarbe	Standort
Rosa 'Heritage', Englische Strauchrose	A	150–250	ab V	rosa	◐–●
Rosa 'Schneewittchen', Strauchrose	A	bis 150	V–Frost	reinweiß	◐–●
Rosa gallica 'Versicolor' (*Rosa* 'Mundi') Historische Strauchrose	A	90	ab V	dunkelrosa und weiß gestreift	◐–●

Zauberpflanzen für Eingeweihte

Was ist Gift?

Viele Zauberpflanzen sind als giftig zu bezeichnen. Das wirkt sich keineswegs immer tödlich aus, da man häufig Zauberpflanzen wie die Alraune nicht innerlich gebrauchte, sondern höchstens im Rahmen einer rituellen Anwendung. Oft reichte einfach nur der Besitz einer solchen Zauberpflanze. Liebeszauberpflanzen landeten aber doch oftmals in einem Trank, und da sich gerade unter diesen Zaubermitteln giftige Pflanzen befanden, mag die Wirkung manchmal auch eine tödliche gewesen sein.

Giftpflanzen

Dieser Begriff löst bei den meisten Menschen eine Mischung aus Schaudern und Faszination zugleich aus. Aber alle Pflanzen sind nützlich. *„Gute und heilsame Kräfte wohnen in den Pflanzen, aber auch böse, verderbliche – nicht immer ist die Grenze zu ziehen“*, meint Fritz-Martin Engel in seinem Buch über Pflanzengifte.

Aber es gibt keine bösartigen Giftpflanzen. Bösartig ist ein Begriff, den es nur in der menschlichen Vorstellungswelt gibt. Die Pflanzen jedoch bilden ihre gefährlichen Stoffe nicht, um dem Menschen zu schaden. Meist sind solche Stoffe wichtig für den Stoffwechsel der Pflanze oder dienen als Schutz gegen Tierfraß.

Herbstzeitlose (Colchicum autumnale)

Es ist eine Tatsache, dass Weidetiere giftige Pflanzen wie Herbstzeitlose meiden, dem Menschen hingegen fehlt heutzutage der Instinkt und leider auch das Wissen. So kommt es immer wieder zu tödlichen Verwechslungen von Bärlauch und Maiglöckchen.

Es muss daher jedem Kräutersammler dringend angeraten werden, sich ausreichende botanische Kenntnisse der essbaren und giftigen Pflanzen anzueignen.

Aber auch der Gärtner ist gut beraten, die Pflanzen zu kennen, deren Verwendung dem Menschen schaden könnte, denn auch unter den Zierpflanzen sind viele als giftig einzustufen.

Dies gilt in hohem Ausmaß auch für die meisten Zimmerpflanzen.

Gift

Das Wort Gift erfüllt ebenfalls viele mit Schaudern. Doch eigentlich bedeutet es Gabe, und im Englischen versteht man unter „gift“ noch immer eine Gabe und auch ein Geschenk.

Auch Goethe hat das Wort in diesem Sinne benutzt. Gift wird gegeben. Natürlich wurden solche „Gaben“ aber auch oft dazu benutzt, unliebsame Mitmenschen aus dem Weg zu räumen. Die Legenden über Giftmorde füllen viele Bücher.

Giftmischer

Rein pharmakologisch kann jede Pflanze und jede Substanz sowohl ein Heil- als auch ein Todesmittel sein. Das griechische Wort „pharmakon“ bedeutet gleichzeitig Heilmittel, Gift oder Zaubermittel und der Pharmazeut ist demgemäß sowohl ein Hersteller von Arzneimitteln als auch ein Giftmischer. Das Wort „Dosis“ stammt aus dem Lateinischen und bedeutet ebenfalls abgeleitet Gabe.

Es war Paracelsus, der die lange vor ihm bekannte Erkenntnis auf den Punkt brachte: *„Alle Dinge sind Gift, und nichts ist ohne Gift, allein die Dosis macht, dass ein Ding kein Gift sei.“* Dieser Spruch hat bis heute nichts von seiner Gültigkeit verloren. Salz kann ebenso zum Gift werden wie Pfefferminztee, wenn man ihn in größeren Mengen täglich genießt.

Vergiftungen

Trotzdem kann man sagen, dass die Gefahr von Vergiftungen durch Pflanzen überschätzt wird. Statistiken zeigen, dass im Vergleich dazu Vergiftungen durch chemische Stoffe im Haushalt wie beispielsweise durch Putzmittel, aber auch durch synthetische Arzneimittel, um ein Vielfaches häufiger vorkommen.

Definitionen

Definitionen von Gift gibt es viele. Eine davon lautet: „Als Gifte gelten Stoffe, die vom Körper aufgenommen oder mit ihm in Berührung gebracht, schon in verhältnismäßig geringer Menge durch chemische oder chemisch-physikalische Wirkung das Leben oder die Gesundheit von Menschen und Tieren gefährden können.“

Da sieht man auch gleich die Problematik solcher Definitionen. Ziegen können beispielsweise Goldregen ohne Schaden fressen, für Kinder könnte die Milch von derselben Ziege aber tödlich giftig sein.

„Entdeckung“ des heilenden Fingerhuts

Ein Londoner Arzt namens William Withering behandelte nicht sehr erfolgreich einige Patienten gegen Wassersucht. Da wurde ihm im Jahr 1775 zugetragen, dass es eine alte, weise Frau in Shropshire gäbe, die ein Kräuterrezept habe, mit dem sie erfolgreich die Wassersucht beseitigen konnte. Da sie ihm das Rezept nicht verraten wollte, ließ er sie angeblich heimlich beim Pflücken der Pflanzen beobachten. Er stellte fest, dass es sich bei dem wirkungsvollen Kraut nur um den Roten Fingerhut *(Digitalis purpurea)* handeln könne, und seine Untersuchungen und Veröffentlichungen führten dazu, dass der durchaus auch tödlich wirkende Fingerhut als Arznei, deren wassertreibende Wirkung auf eine Anregung der Tätigkeit der Herzleistung zurückgeht, in die Medizin eingeführt wurde.

Pflanzen mit ihrer Gesamtheit an Wirk- und Giftstoffen sind eigentlich weit weniger gefährlich als ihre isolierten Wirkstoffe, die oft in der Medizin verwendet werden. Es ist aber jedem anzuraten, die Finger von Pflanzen zu lassen, die in irgendeiner Form als giftig eingestuft werden.

Die kräuterkundigen weisen Frauen, die Hexen, wussten mit Sicherheit Bescheid über die Giftigkeit mancher Pflanzen, und viele Schilderungen über den Einsatz von Pflanzen zum Heilen lassen ahnen, dass sie auch die richtige Dosis kannten.

Es klingt fast wie ein Scherz, wenn man sagen kann, dass eine Arznei wie der Rote Fingerhut, die nachweislich durch eine „Hexe“ bekannt wurde und die nach wie vor nicht synthetisch hergestellt werden kann, in den Verkaufsstatistiken der Arzneimittel an vorderster Stelle steht.

Fingerhut
(Digitalis purpurea)

Der Blick durchs verbotene Fenster

Die Dosis allein macht es, ob eine Pflanze heilend wirken kann oder giftig ist. Noch feiner ist die Grenze zwischen einer halluzinogenen und eventuell tödlichen Wirkung von Giftpflanzen.

Halluzinogene Pflanzen

Als halluzinogene Pflanzen bezeichnet man solche, die Sinneswahrnehmungen verändern können. Der Begriff kommt vom lateinischen halucinatio = gedankenloses Reden. Halluzinogene sind also chemische Stoffe, die in nicht toxischen Dosen Veränderungen in der Wahrnehmung, im Bewusstsein und in der Gemütslage hervorrufen. Es kann zu Veränderungen des Zeit- und Raumgefühls kommen, zu plastischen Farbvisionen, deutlicherer Wahrnehmung von Geräuschen, körperlichem Empfinden von Musik und sogar zu einem Gefühl des Heraustretens aus dem eigenen Körper.

Der englische Schriftsteller Aldous Huxley, der viele Versuche mit „bewusstseinserweiternden" Drogen machte, meinte, dass eine wesentliche Aufgabe unseres Gehirns, um ein zweckorientiertes, egozentriertes Denken zu ermöglichen, das Einschränken und Filtern der auf uns einströmenden Fülle an Eindrücken ist. Diese Scheuklappe, meinte er, kann man mit halluzinogenen Drogen ausschalten und damit einen Blick hinter den Vorhang machen, der das Profane, Weltliche, vom Göttlichen trennt. Entheogene von entheos = prophetische Inspiration, nennen Ethnologen solche psychoaktive Pflanzen, die im Rahmen ritueller oder religiöser Handlungen eingesetzt werden und dem Göttlichen nahe bringen sollen. Da der Begriff Halluzination pathologisch besetzt ist und für einen krankhaften Verwirrungszustand verwendet wird, führte man den Begriff der Entheogene ein, um aufzuzeigen, dass es sich dabei um Pflanzen handelt, deren traditionelle Verwendung zur Vermittlung höherer Wahrheiten führen könnte.

Schamanen und Hexen

Halluzinogene wurden von Schamanen vieler Naturvölker verwendet, um „sehen" und „fliegen" zu können,

Hanf (Cannabis sativa subsp. indica)

um Krankheitsgeister zu vertreiben und die entschwundenen Seelen ihrer Patienten zurückzuholen. Schamanen verwenden halluzinogene Pflanzen nie zum Vergnügen, sondern immer nach genauen Regeln und im Rahmen bestimmter Rituale. Die Handhabung solcher Kräuter setzt viel Erfahrung und Selbstkenntnis des Schamanen voraus.

Die Weisen Frauen kannten viele Pflanzen, die in der richtigen Dosierung und Anwendung in solche „Anderswelten" bringen konnten. Ihr Wissen ist mit der Vernichtung der Hexen verloren gegangen. Der Wunsch, aus der realen Welt, die oft genug als Last betrachtet wird, abzuheben, ist leider überdimensional gewachsen, was die Drogenproblematik auf dieser Welt deutlich zeigt.

Drogenmissbrauch

Das Interesse an psychoaktiven Stoffen und Pflanzen ist dementsprechend groß und auch die versuchte Anwendung solcher Mittel häufig. Daher sei all denen, die aus Neugier halluzinogene Pflanzen oder Hexensalben ausprobieren wollen, folgender Rat von Hans-Peter Duerr aus dem Vorwort seines Buches „Traumzeit" weitergegeben: *„Ich habe mit einigen befreundeten Nachtschattengeistern gesprochen und sie bitten mich, dem Leser Folgendes mitzuteilen: Sie wollen nicht aus Jux und Tollerei gerufen werden. Wenn sie Lust verspüren, eine Bekanntschaft zu machen, dann werden sie es den Betreffenden schon wissen lassen. Die Fahrkarten, die sie austeilen, sind bisweilen einfach; es fehlt die Rückfahrkarte."*

Dem ist nichts mehr hinzuzufügen.

Die Hexe – Giftmischerin oder Heilkundige?

Hexe ist eine Bezeichnung, die so zwiespältig ist wie der Begriff Zauber.

Für die einen ist die Hexe die Weise Frau, die Kräuterkundige und Hebamme, die mit Hilfe ihrer Kenntnisse, vor allem auch der Pflanzen, Mensch und Tier heilen hilft und die auch böse Zaubersprüche bannen kann.

Bei vielen Menschen ist jedoch eher das Klischee von der schwarze Magie betreibenden Hexe im Vordergrund: In finsterer, nebliger Nacht, während der Sturm schauderhaft am alten Gebälk der Hütte rüttelt, tanzt die Alte mit einem krächzenden Raben auf der Schulter um einen dreibeinigen Kessel, in dem ein grauenhaft stinkendes Gebräu von Giftpflanzen und Krötenaugen blubbert, und murmelt dazu geheime Zaubersprüche.

Leider wurde dieses Klischee immer wieder durch Wort und Bild verstärkt.

Hexe und Hecke, ein Wortstamm

Wer ist sie also wirklich, diese Hexe? Die Wurzel des Wortes lautet, wie bei Jacob Grimm nachzulesen ist, „hazuo, hazusa, hazasa“, daraus entstand „haghedisse“ und später „hägesse“ oder auch „hegxe“ oder „hexse“. Unser Wort „Hexe“ wird also von hagzissa, hag(a)zus(s)a abgeleitet, worin der Begriff „Hag“, Hecke, Umzäunung steckt.

Die Hecke, das war die Grenze zwischen Kultur und Wildnis. Sie gab den frühesten Siedlungen Schutz, sie hinderte wilde Tiere wie Wölfe und Bären und gefräßige Rehe vor dem Eindringen. Die dornigen Heckengewächse wie Weißdorn, Hundsrosen, Schlehen, Kreuzdorn und noch viele mehr bildeten nicht nur einen dichten Zaun nach außen, sie lieferten dem Weidevieh Blätter und den Menschen Beeren und Nüsse. Für diese frühesten Siedler war die Hecke aber nicht nur die physische Grenze zwischen dem kultivierten Land und der Wildnis, sie war eine geistige Grenze. Hinter dem Dornengestrüpp hausten nicht nur Raubtiere, hier fing das Reich der Trolle und Kobolde, der Elfen und Dämonen an. Diese Wildnis war den Bewohnern der Kulturinseln nicht mehr ganz geheuer.

Die Zaunreiterin

Es gab immer Frauen mit besonderen Fähigkeiten, Frauen, die auf der Hecke sitzen konnten. Die „Zaunreiterin“ könnte man diese „hagazussa“ nennen. Sie hat einen Fuß bei ihren dörflichen Nachbarn, aber sie kann mit dem anderen Fuß „hinübergehen“. Sie sitzt an der Schwelle zwischen Kultur und

Natur, sie versteht es, zwischen der Welt der Geister jenseits der Hecke und jener der Menschen zu vermitteln. „Hag" nennt man im Englischen noch immer die Hexe. Die Hagezusse konnte die Waldfrauen und Feen verstehen, wenn sie die richtigen Heilpflanzen offenbarten.

„Heilig" und gefürchtet

Bei den nordeuropäischen Völkern genoss die Hexe als Weise Frau, als Zauberkundige und Heilerin hohes Ansehen. Tacitus, der römische Schriftsteller, dem wir viele Informationen über die Germanen verdanken, wunderte sich darüber, dass die „Barbaren" davon überzeugt waren, dass es bei den Weibern etwas Heiliges und Prophetisches gibt.

„Tunritha" nannten die Skandinavier die Zaunreiterin, die sich mit Zauberliedern in Ekstase singen konnte. Sie kannte die zauberkräftigen Runen, ihr Wort konnte als Segen, aber auch als Fluch wirken. Sie war deshalb nicht nur geachtet und geschätzt, sondern auch gefürchtet. Dieser Aspekt, die Fähigkeit, Schadenzauber betreiben und Feinde ohne sichtbare Waffen töten zu können, war von Beginn der christlichen Missionierung der nordischen Stämme auch ein Grund für die Priester, diese Frauen zu diffamieren. Die ersten Bußbücher legten Strafen für Weissagen, Beschwörung von heidnischen Göttern, Traumdeuten, Kräuterkunde und Liebestränke fest.

Dennoch blieb die Weise Frau als Kräuterkundige und Hebamme bei den Dorfbewohnern unentbehrlich. Sie sammelte nun die der Freyja geweihten Kräuter im Namen der Gottesmutter.

Hexenverfolgung

Die Kirche akzeptierte die Heil- und Zauberpraktiken dieser kräuterkundigen Frauen als dummen Aberglauben, solange das Volk zur Messe kam und seine Abgaben entrichtete. Die Sicht veränderte sich aber, als im Hochmittelalter die Pest immer grausamer wütete. Die Lebensangst der Menschen war groß, noch dazu, wo die Lebensbedingungen des einfachen Volkes von Unterdrückung und Ausbeutung geprägt waren.

Der Kirchengelehrte Thomas von Aquin definierte von nun an Aberglauben als Sünde wider Gott. Er war es auch, der den Spekulationen, ob zwischen Engeln und Dämonen ein Unterschied wäre, ein Ende bereitete, indem er definitiv erklärte, dass an der Existenz des Dämonenreiches keinesfalls zu zweifeln sei. Der Teufel, so meinte er, sei absolut imstande, menschliche Gestalt anzunehmen und sich solcherart mit den Menschen geschlechtlich zu vermischen. Bald war die Kirche so sicher von der Schändlichkeit des Teufels überzeugt, dass sie nur mehr einen einzigen Ausweg sah, nämlich die völlige Ausrottung all jener Menschen, die im Bund mit dem Teufel seien.

Verbrennung auf dem Scheiterhaufen

Nach Meinung der Kirchenoberen waren es vor allem die Hexen, die im Verein mit dem Teufel zu ihren besonderen Fähigkeiten gelangten und daher eine besondere Bedrohung darstellten. Zwei Mönche, Heinrich Institoris und Jakob Sprenger, stellten in ihrem Buch „Der Hexenhammer“ alle gängigen Vorurteile zusammen und erreichten mit diesem Machwerk nicht nur, dass Millionen „Hexen“ auf dem Scheiterhaufen landeten. Dieses Buch verteufelte auch alle Frauen schlechthin: Das Wort femina nämlich käme von fe und minus (fe = fides, Glaube, minus = weniger, also femina = die weniger Glauben hat).

Bella donna, die Hexe

Der französische Historiker Jules Michelet stellte klar: *„Tausend Jahre hindurch war die Hexe der einzige Arzt des Volkes. Die Kaiser, Könige und Päpste, die reichen Barone hatten eigene Doktoren, aber die Masse jeden Standes, ja man könnte sagen in der Welt, fragte nur die ‚saga‘ oder kluge Frau um Rat. Wenn sie nicht heilte, beschimpfte man sie und nannte sie ‚Hexe‘. Aber gewöhnlich belegte man sie aus einem mit Furcht gemischten Respekt mit dem Namen ‚gute Frau‘ oder ‚schöne Frau‘ (bella donna), derselbe Name, den man Feen gab.“*

Leider ist viel von dem Wissen dieser weisen Frauen, sowohl das der heilkräftigen Pflanzen als auch der Zaubersprüche und Rituale, mit denen aus gewöhnlichen Pflanzen magische Instrumente werden konnten, verloren gegangen, vernichtet durch das „Feuer der Scheiterhaufen“. Es blieb der Wunsch, dieses Wissen wieder aufleben zu lassen.

Moderne Medizin und Feminismus

In der modernen Medizin ist für weise Frauen kein Platz. Die Kräuterheilkunde, auch wenn sie nun von der Pharmakognosie zu einer wissenschaftlich „Rationalen Phytotherapie“ entwickelt wurde, spielt in der Medizin nur eine periphere Rolle.

Grund genug, dass das Wissen um die Wirkungen der Kräuter zunehmend wieder von Menschen getragen wird, die keine Mediziner sind.

Können Hexen fliegen?

Die Vorstellung, dass Hexen fliegen können, ist keine Erfindung des Spätmittelalters. Schon in der Antike gab es viele Geschichten über fliegende Hexen.

Ein typisches Beispiel für die Vorstellung vom Flug der Hexen findet sich in den Aufzeichnungen des Inquisitors Pierre le Broussard: *„ … rieben sie einen Holzstecken mit einer Salbe, die ihnen der Teufel gegeben hat, sowie die Handflächen, danach nehmen sie den Stecken zwischen die Beine und fliegen über Dörfer, Wälder und Wasser hinweg, wobei sie der Teufel selber zu den Orten führt, wo sie ihre Versammlungen abhalten wollen."*

Pappelblüten (Populus nigra)

Besonderer Hexenflug

Der Dominikanermönch Johann Wider schrieb gegen Ende des 14. Jahrhunderts über einen skeptischen Priester, der von einer alten Frau eingeladen worden war, Zeuge ihrer Hexenfahrt zu sein. Sie setzte sich in einen Backtrog, salbte sich mit einer Schmiere und schlief bald darauf ein. Als sie nach einem unruhigen Schlaf erwachte, fragte sie den Geistlichen, ob er nun ihren Erzählungen glaube. Doch der Priester konnte ihr nur sagen, dass er sie die ganze Zeit schlafend und wild träumend daliegen gesehen habe.

Hexensalbe mit „Flugwirkung"

Es stellt sich die Frage, ob Hexen nur im Traum fliegen. Es erscheint sehr wahrscheinlich, dass die Hexen das Gefühl hatten, zu fliegen, wenn man die Pflanzen betrachtet, die in der Hexensalbe gewesen sein sollen.

Es gibt verständlicherweise keine von Frauen selbst überlieferten Rezepte. Einerseits waren das sicher Geheimrezepte, andererseits sind sie im Zuge der inquisitorischen Repression verloren gegangen. Rezepte für angebliche „Hexensalben", von denen man heute liest, stammen allesamt aus der Feder von Apothekern, Ärzten und anderen Gelehrten.

Andres de Laguna, Leibarzt des Kaisers Karl V. berichtete, er habe die Salbe eines Zauberpaares konfisziert und sie an der Frau eines Henkers ausprobiert. Sie verfiel in einen dermaßen tiefen Schlaf, dass der Arzt sie nur unter Aufbietung all seiner ärztlichen Kunst wieder wecken konnte. Die Frau beschwerte sich allerdings bitter, da sie aus angenehmen Träumen mit sexuellen Inhalten gerissen worden war.

Pappelsalbe, auch Hexenschmiere genannt

De Laguna beschrieb die „Hexenschmiere" als eine grüne Salbe wie die Pappelsalbe. Die Pappelsalbe wurde und wird auch heute noch viel verwendet und war als schmerzlindernde Salbe vor allem bei rheumatischen Beschwerden damals wahrscheinlich in fast jedem Haushalt vorhanden. Sie wurde aus den Knospen der Schwarzpappel *(Populus nigra)*, die im Frühjahr besonders harzig wird, mit Schweineschmalz hergestellt.
Die medizinische Pappelsalbe wird praktisch in allen Kräuterbüchern und Pharmakopöen seit dem 15. Jahrhundert angeführt.

Im „Gart der Gesundheit" von 1485 werden folgende Zutaten genannt:

Knospen der Schwarzpappel *(Populus nigra)*
Mohnblätter *(Papaver somniferum)*
Lattichblätter *(Lactuca sativa)*
Bilsenkrautblätter *(Hyoscyamus niger)*
Alraunblätter *(Mandragora officinarum)*

In späteren Rezepten werden noch weitere Zutaten wie Tollkirsche *(Atropa belladonna)* und Hanf *(Cannabis sativa)* hinzugefügt. Damit sind in dieser medizinischen Salbe auch viele der verteufelten „Hexenkräuter" enthalten, und damit auch ihre psychoaktive und aphrodisierende Wirkung.

DIE TOLLKIRSCHE

Atropa belladonna,
Familie der Nachtschatten-gewächse (Solanaceae)

Name und Bedeutung

Bereits im Altertum war diese Giftpflanze bekannt. Sie hat ihren botanischen Namen „Atropa" von Atropos, die Grausame, Unerbittliche, eine der drei Nornen, der Schicksalsgöttinnen, die über Leben und Tod bestimmen.

Den Artnamen „Belladonna", also schöne Frau, erhielt die Pflanze, weil von der Antike bis zur Renaissance Frauen sich den pupillenerweiternden Saft in die Augen träufelten. Dadurch bekamen sie zwar schwarze Augen, es ist aber zu bezweifeln, ob sie die Männer dann noch erkennen konnten. Übrigens wird dieser Effekt noch heute in der Augenheilkunde genutzt, wobei aber das isolierte Alkaloid Atropin verwendet wird.

Der Tollkirschensaft hat eine dunkelrosa Farbe und wurde vielfach auch als Rouge verwendet. Es könnte aber sein, dass „belladonna" auch für „schöne weise Frau" steht, eine Bezeichnung, die der Hexe als guter weiser Frau zukommt, wie Jules Michelet, ein Autor und Kenner des Hexenwesens, meint.

Zauber und Wirkung

Der deutsche Name Tollkirsche weist darauf hin, dass der Pflanzensaft, innerlich angewendet, „Tollheit" auslöst, zu Erregung und Verwirrung führt. „Toll" bedeutet aber mittelhochdeutsch auch „geil", und die Tollkirsche wurde immer auch als Bestandteil „toll" machender Liebestränke verwendet.

Die Giftwirkung der Tollkirsche lässt sich dadurch beschreiben, dass es – je nach Dosis – zuerst zu einer zentral erregenden Wirkung kommt. Zunächst macht sich nur lebhafte Munterkeit bemerkbar, die von heftigem Redefluss und Bewegungsdrang begleitet

Tollkirsche (Atropa belladonna)

wird. Oft kommt es zu unmotivierten Lachanfällen. Es folgen Verwirrungszustände mit Halluzinationen, die auch sexuelle Inhalte haben können. Danach schlägt die zentrale Erregung allmählich in eine zentrale Lähmung um, der Betroffene wird ruhiger und fällt schließlich in einen tiefen Schlaf. War die Dosis hoch genug, führt dieser Schlaf zum Tod durch Lähmung des Atemzentrums.

Heilendes Kraut

Die Tollkirsche wurde seit der Antike medizinisch genutzt, unter anderem als Schmerz- und Narkosemittel. Sie wurde zur „Vertreibung von Dämonen" eingesetzt, das heißt, sie wurde wohl zur Therapie von Depressionen, Psychosen und Geisteskrankheiten gebraucht. Im 19. Jahrhundert wurden Wurzel- und Kräuterextrakte zur Behandlung von konvulsivischem Husten, Nervenkrankheiten, Epilepsie, aber auch Nierenkoliken und verschiedenen Hauterkrankungen genutzt. In der heutigen Medizin spielt das reine Atropin nur noch in der Augenheilkunde eine Rolle und als Beruhigungsspritze vor Operationen. In der Homöopathie dagegen ist Belladonna eines der wichtigsten Mittel und wird vor allem bei Fieber, das mit groß erweiterten Pupillen und Benommenheit auftritt, eingesetzt.

DER STECHAPFEL

Datura stramonium, Familie der Nachtschattengewächse (Solanaceae)

Name und Bedeutung

Datura, genauer „dhatura" ist vom Sanskrit-Wort „dhat" abgeleitet – der Name des Giftes, das aus der indischen *Datura metel* hergestellt wurde.

Herkunft und Verbreitung

Stechapfelarten sind sowohl in der Alten als auch in der Neuen Welt verbreitet, das heißt, Stechäpfel gibt es rund um den Erdball. Die hierzulande auch wild wachsend vorkommende Art *Datura stramonium* kommt vermutlich aus der Gegend um das Schwarze und Kaspische Meer.

Stechapfel (Datura stramonium)

Wie der Stechapfel zu uns nach Europa gekommen ist, ist nicht mehr nachvollziehbar. Grundsätzlich können Pflanzen, die stachelige Samenkapseln haben, im Fell von Tieren verbreitet werden. Tatsache ist auch, dass der Stechapfel und die Roma etwa zur gleichen Zeit, im 15. Jahrhundert, zu uns kamen. Es ist auch aus einem anderen Grund nicht ganz unwahrscheinlich, dass die Roma Stechapfelsamen mithatten, als sie in Europa ankamen, denn viele von ihnen waren Pferdehändler, und mit einigen Samen konnte man ein Ross wahrlich feurig machen.

Gegen Ende des 16. Jahrhunderts war der Stechapfel jedenfalls als seltene Gartenpflanze bei uns bekannt und verwildert.

Zauber und Wirkung

Chemisch gesehen sind alle Stechapfelarten ähnlich giftig wie Tollkirsche und Bilsenkraut, da sie die gleichen Alkaloide enthalten, aber in unterschiedlicher Zusammensetzung. Gemeinsam haben die Datura-Arten, dass es zuerst zu Krampfanfällen kommt, bevor hypnotische Wirkungen zum Tiefschlaf führen. Dieser Schlaf wird begleitet von Halluzinationen. Eine Besonderheit ist, dass die Rauschzustände des Stechapfels einen stark erotischen Charakter haben. Oft wurden die Stechapfelsamen dazu benutzt, die weibliche Schamhaftigkeit zu brechen, da man meinte, in einer bestimmten Dosis der Samen das Verlangen bis zur totalen sexuellen Begierde steigern zu können.

Ein solches Kraut bietet sich als Bestandteil von Zaubertränken geradezu an und wurde sowohl in Europa als auch in der Neuen Welt von religiösen Fanatikern, so genannten Priestern, Hellsehern und anderen Betrügern benutzt, um Sinnestäuschungen und Halluzinationen hervorzurufen.

Als Asthmazigarette sind Stechapfelblätter auch heute noch in Apotheken erhältlich. Die Alkaloide der *Datura* können den Krampf in den Bronchien lösen. Trotzdem sind diese Zigaretten nicht mehr sehr gebräuchlich.

Bilsenkraut (Hyoscyamus niger)

DAS BILSENKRAUT

Hyoscyamus niger,
Familie der Nachtschattengewächse (Solanaceae)

Name und Bedeutung

Die Griechen nannten diese Zauber- und Giftpflanze „Hyoskyamos", Schweinebohne. Sie glauben heute noch, dass der Gattungsname von Homers Erzählung über die Zauberin Kirke herrührt. Kirke, die Tochter des Sonnengottes, lockte Odysseus und seine Gefährten mit ihrem betörenden Gesang auf ihre Insel. Unter das Gastmahl aus Käse, Honig und Wein mischte sie aber Bilsenkraut. Dadurch verwandelten sich alle Männer in quiekende Schweine.

Die Bezeichnung „Bilsenkraut" geht auf das althochdeutsche „bilisa" zurück, das auf den keltischen Sonnengott Belenos hinweist, dessen Strahlen nicht nur Wärme und Licht, sondern auch den Tod bringen konnten.

Aussehen und Standort

Das Bilsenkraut war die Hexenpflanze schlechthin. Das Unheimliche, mit dem der Volksglaube die Pflanze umgibt, wird schon im Äußeren sichtbar: zottelig behaarte Blätter mit eigenartig muffigem Geruch und gelbliche Blüten mit violetten Adern, die den Blick in die dunkelviolette Mitte fallen lassen.

Man könnte sagen, das Bilsenkraut ist eine Pflanze, der man die Giftigkeit direkt ansehen kann, und dennoch ist es von düsterer Schönheit.

Auch das Vorkommen auf öden Schuttplätzen, Ruinen und in der Nähe von Friedhöfen hat sicher dazu beigetragen, dass das Bilsenkraut die berühmteste und bekannteste Gift- und Zauberpflanze durch die Jahrhunderte war. Sie war mit Sicherheit auch ein wesentlicher Bestandteil der Hexensalbe.

Zauber und Wirkung

Über die Giftwirkung ist zu sagen, dass sie sich nicht wesentlich von der Tollkirsche unterscheidet, da das Bilsenkraut dieselben Alkaloide, allerdings in unterschiedlicher Zusammensetzung und Menge enthält. Vergiftungen beginnen ebenfalls mit zentraler Erregung, die bis zu Tobsuchtsanfällen führen und mit Beruhigung und Tiefschlaf enden.

Todesfälle sind in der wissenschaftlichen Literatur kaum beschrieben, denn die Dosierung musste aufgrund des relativ geringen Alkaloidgehalts hoch sein.

Shakespeare sprach diesem Kraut trotzdem tödlich giftige Wirkung zu. Der Geist des ermordeten Königs erscheint seinem Sohn Hamlet und erzählt ihm:

„Da ich im Garten schlief,
Wie immer meine Sitte nachmittags,
Beschlich dein Oheim meine sichere Stunde
Mit Saft verfluchten Bilsenkrauts im Fläschchen,
Und träufelte in den Eingang meines Ohrs
(...)
So ward ich schlafend und durch Bruderhand
Um Leben, Krone, Weib mit eins gebracht."

Schon seit Urzeiten ist das Bilsenkraut zur Herstellung schmerzstillender Medikamente genutzt worden. Wie auch Schierling und Alraune wurde es genutzt, um die Leiden zum Tode Verurteilter zu mildern, vor allem während der Folter. Ganz besonders eingesetzt wurde es zur Zeit der Hexenverfolgungen, wo es auch dazu diente, die Hexen während der Folter in einen tranceähnlichen Zustand zu führen, in dem sie bereit waren, alle „Untaten", die man ihnen vorwarf, zu gestehen.
Das Bilsenkraut vermag nämlich nicht nur körperliche Schmerzen zu lindern, es erzeugt auch das Gefühl des Vergessens und der Gleichgültigkeit, sowie der Willens- und Widerstandslosigkeit.

Bilsenkraut wurde aber nicht nur als Schmerzmittel verwendet, es sollte auch gegen Gichtschmerzen helfen.

Auch heute noch wird Bilsenkrautöl als Einreibung bei rheumatischen Erkrankungen und zur Narbenbehandlung empfohlen. In der Homöopathie ist es ein wichtiges Mittel gegen nervöse Erregungen und ein Konstitutionsmittel für streitsüchtige, argwöhnische, aber redselige Menschen.

Nicht ganz ungefährlich war früher auch der Brauch, mit Bilsenkraut „schwaches" Bier in seiner Wirkung zu verstärken. Um die Staude in genügender Menge vorrätig zu haben, legten die Landwirte an einigen Orten größere Bilsenkrautpflanzungen an, auf die heute noch Ortsnamen wie Bilsensee und Bilsdorf in Deutschland, Bilsen in Holland und Pilsen in Böhmen hinweisen.

DIE ALRAUNE

***Mandragora officinarum,* Familie der Nachtschattengewächse (Solanaceae)**

Als klassische Zauberpflanze, die jedem, der eine Zauberwurzel besaß, Glück und Reichtum bringen musste, wurde die Alraune bereits beschrieben *(siehe auch Kapitel „Sagenhafte Zauberpflanzen")*.

Auch im Kapitel über Amors Zauberkräuter durfte die Alraune nicht fehlen. Angeblich deutet der Name *Mandragora* auch auf diese alte Rolle als Fruchtbarkeitsbringerin und zur Stärkung der Manneskraft hin. Die sprachliche Wurzel von Mandragora wird auf das persische „mardomghia" zurückgeführt, und das bedeutet Manneskraft *(siehe auch Kapitel „Amors Zauberkräuter")*.

Zauber und Wirkung

Dass die Alraune giftig ist und ihre Anwendung auch gefährlich sein kann, ist schon seit frühesten Zeiten bekannt. Doch schätzte man auch ihre Heilwirkung. So schildert Hippokrates, wie man mit ganz geringen Dosen von *Mandragora* Angst und tiefe Depressionen heilen könne. Offenbar besaß er genaue Kenntnisse der Wirkstoffe und setzte die Pflanze sehr vorsichtig ein, denn er warnte ausdrücklich vor zu großen Mengen.

Ähnlich wie bei der Tollkirsche führen höhere Dosierungen von Alraune dazu, dass die Pupillen erweitert werden. Das Auge wird zum „Nachtauge", es benimmt sich am hellen Tag, als wäre es in tiefster Finsternis. Sinneseindrücke werden als zu stark empfunden, Unruhe und Übererregung entstehen. Es kommt zu Halluzinationen und Verwirrtheitszuständen, die, wie schon Hippokrates warnte, zur unkontrollierbaren Raserei führen können, bis dieser Zustand in einem totenähnlichen Schlafzustand endet. Die Gefahr, dass es, je nach Dosis, auch zum Tod durch Lähmung des Atemzentrums kommt, ist zwar gegeben, wird aber kaum beschrieben. In der Antike war es vor allem Dioskorides, der die Wirkung der Alraune als narkotisierendes und schmerzstillendes Mittel bei der Behandlung von Verletzungen und zum Einsatz bei Operationen schätzte. In der Anthroposophischen Medizin wird *Mandragora* in potenzierter Form bei Polyarthritis und auch bei Gicht verwendet.

Es versteht sich von selbst, dass eine solche Pflanze nicht nur wegen ihrer berauschenden und halluzinogenen Wirkung, sondern auch wegen ihrer Zaubereigenschaften zur Bereitung von Zaubertränken herangezogen wurde, und in den wenigen Rezepten,

Alraune (Mandragora officinarum)

die zur Herstellung der Hexensalbe überliefert sind, angeführt ist. Tatsächlich dürfte die Alraune wegen ihrer Seltenheit und Kostbarkeit nicht allzu häufig dazu verwendet worden sein.

DER EISENHUT

Aconitum napellus,
Familie der Hahnenfußgewächse (Ranunculaceae)

Akoniton war die heilige Pflanze der Hekate, der Herrin der Unterwelt und der nächtlichen Wesen, der Zauberei und Giftmischerei. Der römische Autor Plinius war der Meinung, dass diese Pflanze nur einen Zweck haben könne, nämlich die Menschheit zu bestrafen.

Es ist zu bezweifeln, dass die von den antiken Autoren beschriebene Pflanze mit dem mitteleuropäischen *Aconitum napellus* gleichgesetzt werden kann.

Name und Herkunft

Nach Theophrast hat der Eisenhut seinen botanischen Namen daher, weil er bei Aconae, einer Stadt im nordwestlichen Kleinasien, wachse.

Eisenhut wächst allerdings überall auf der Welt, eine besonders giftige Art, *Aconitum ferox*, ist am Fuße des Himalaya beheimatet.

Der Eisenhut ist eine hochgiftige Pflanze, dennoch wird er in der tibetischen und chinesischen Medizin häufig in Kräutermischungen verwendet.

Zauber und Wirkung

Der Eisenhut enthält Alkaloide, die sowohl über die Haut als auch über Schleimhäute resorbiert werden können, und ist in einer Dosis von einem Gramm der Knolle für Erwachsene tödlich. Zunächst werden die sensib-

Eisenhut (Aconitum napellus)

len Nervenenden erregt und dann gelähmt. Das macht sich als heftiges Hautkribbeln, Jucken und Brennen in den Extremitäten bemerkbar. Charakteristisch für eine Eisenhut-Vergiftung ist das Gefühl, als ob man Eis in den Adern habe. Später kommt es zum „Pelzigwerden“ der Extremitäten und völliger Gefühllosigkeit. Fast immer zeigt sich am Anfang der Vergiftung sehr heftiges Erbrechen, die Atmung ist erschwert. Die motorischen Nervenenden werden ähnlich wie bei Curare-Vergiftungen gelähmt, und schließlich wird das Zentralnervensystem miteinbezogen. Nach lebensbedrohenden Atem- und Herzstörungen kommt es zur Bewusstlosigkeit und bald darauf tritt der Tod durch Atemlähmung ein.

Es gibt kein Gegengift, die Eisenhut-Alkaloide werden jedoch schnell abgebaut und wenn es gelingt, während dieses Vergiftungsstadiums die Atmung in Gang zu halten, ist ein Überleben möglich.

In der Medizin, vor allem in alternativen Methoden wie der Anthroposophischen Medizin, nützt man die schmerzstillende Wirkung des Eisenhutes auf die Nerven in Form eines Ölansatzes, der besonders bei Trigeminusneuralgien oder Ischiasschmerzen lokal aufgetragen wird. In der Homöopathie ist Aconitum das wichtigste Anfangsmittel für alle fiebrigen Erkrankungen, die ganz plötzlich auftreten. Der Eisenhut heißt auch Sturmhut, weil er im Gebirge dort wächst, wo oft der Sturm über die Pflanzen braust. Er hilft daher bei all den Erkrankungen, die wie ein Sturm über den Betroffenen hereinbrechen. Ebenso lange wie der Eisenhut als Giftpflanze „genutzt“ wurde, war er auch als Zauberpflanze in Gebrauch. Trotz der extremen Giftigkeit war Eisenhut ein Bestandteil von Hexensalben.

Schierling (Conium maculatum)

DER SCHIERLING

***Conium maculatum*, Familie der Doldenblütler (Apiaceae)**

Name und Bedeutung

Der Schierlingsbecher, der Sokrates den Tod brachte, hat wohl dazu geführt, dass die Giftigkeit des Schierlings fast jedem bekannt ist. „Koneion“, den Schwindel Erregenden, nannten die Griechen den Schierling, davon leitet sich der botanische Name und auch Coniin, die Bezeichnung des giftigen Inhaltsstoffes, ab. Der Tod durch den Giftbecher mit Schierlingssaft, gemischt mit Opium und Wein, galt als milde Hinrichtung und wurde nur politischen Straftätern zugedacht. Böse Verbrecher wurden gezwungen, Eisenhut in Wein zu trinken, was einen weitaus schmerzhafteren Tod zur Folge hatte.

Zauber und Wirkung

Coniin, das Hauptalkaloid des Schierlings, wird sowohl über Schleimhäute als auch über die Haut relativ schnell aufgenommen. Es lähmt die Nervenenden der Skelettmuskulatur, und die Wirkung äußert sich in einer aufsteigenden Lähmung der motorischen Rückenmarkszentren. Nach einiger Zeit tritt bei fortschreitender Lähmung der Tod durch Atemstillstand bei vollem Bewusstsein ein.

In der Heilkunde spielte der Schierling aufgrund seiner Giftigkeit keine besondere Rolle.

Den Hexen wurde allerdings unterstellt, dass sie heimlich nachts in die Schlafstuben schlichen und die männlichen Glieder mit Schierlingssaft bestreichen würden, um sie ihres „Zeugungsorganes" und der Kräfte für die ehelichen Werke zu berauben. Dass der Schierling tatsächlich eine Manneskraft mindernde Wirkung hat, beweist die Homöopathie. Ganz im Sinne von „Ähnliches mit Ähnlichem heilen", gibt man Conium bei Potenzproblemen wie „sexuelle Nervosität mit schwacher Erektion (Boericke)". In der Anthroposophischen Medizin wird Schierlingssalbe für Brustprobleme wie Mastopathie (knotige Veränderungen der Brustdrüsen) sehr wirkungsvoll eingesetzt, und es wird dem Schierling generell Wirkung bei Drüsenverhärtungen zugesprochen.

DER FLIEGENPILZ

***Amanita muscaria*, Familie der Freiblättler (Amanitaceae)**

Der Fliegenpilz wächst in allen Teilen der Erde und ist wegen seines auffallenden Aussehens der im Volk wohl am besten bekannte Pilz. Auf jeden Fall ist er mit seinem leuchtend roten Hut und den weißen Warzen der schönste Pilz.

Allerlei Glück und Unglück

Auch wer ihn noch nie in der Natur gesehen hat, muss ihn kennen: Zusammen mit vierblättrigem Klee, Hufeisen, Marzipanschweinen und Schornsteinfegern wird er zu Neujahr als Glücksbringer verschenkt.

In Märchenbuchillustrationen sieht man häufig unter seiner roten Kappe Elfchen und Gnome sich tummeln, und neben Gartenzwergen steht er oft als Gipsfigur in Vorgärten *(siehe auch Kapitel „Glücksbringende Kräuter")*.

Diese Verniedlichung des Fliegenpilzes zu einem glücksbringenden Symbol kann aber nicht darüber hinwegtäuschen, dass er seit frühesten Zeiten als Rauschdroge verwendet wurde.

Die sibirischen Völker schätzen den Fliegenpilz ganz besonders. Ihre Schamanen verwendeten ihn rituell, um in Trance zu verfallen. Er wurde aber auch zur Belustigung in den langen Wintermonaten eingesetzt.

Vor der Einfuhr des Alkohols diente der Pilz als Rauschmittel.

In der Schilderung eines Offiziers, der zwölf Jahre lang in Sibirien in Gefangenschaft war und dabei in Kontakt mit sibirischen Schamanen kam, ist zu lesen: *„Sie gießen Wasser über einige dieser Pilze und kochen sie. Dann trinken sie den Aufguss, der sie berauscht."*

Zauber und Wirkung

Die Wirkung des Fliegenpilzes ist eine Methamorphopsie, das bedeutet, alles, was groß ist, scheint klein und umgekehrt, und sie wurde zur Belustigung eingesetzt. Man legte dünne Seile auf und animierte die Fliegenpilz-Konsumenten, darüber zu springen. Diese sahen in ihrem Rauschzustand weite Gräben und nahmen einen gewaltigen Anlauf, um über eine Schnur zu springen.

Albert Hofmann, der Chemiker, der das LSD „entdeckte", hat sich auch mit der Chemie des Fliegenpilzes intensiv beschäftigt. Er stellte fest, dass sich die halluzinogene Wirkung der Inhaltsstoffe erst durch Trocknen und die daraus entstehende chemische Veränderung entwickelt.

Beim Kochen werden diese Wirkstoffe zerstört, es empfiehlt sich dennoch, vom Verzehr des Fliegenpilzes im „Schwammerlgulasch" abzusehen. Mehr als zehn Pilze können tödlich giftig sein, doch schon bei geringeren Mengen kann die Leber irreversible Schäden davontragen.

Der Genuss von ein bis vier Pilzen löst Schwindel und Schläfrigkeit aus, eine größere Anzahl führt zu Verwirrtheitszuständen mit der schon beschriebenen Metamorphopsie. All diese „verrückten" Sinneseindrücke können das Gefühl des Fliegens hervorrufen. Das dürfte auch die wahre Bedeutung des Namens Fliegenpilz sein.

Fliegenpilz (Amanita muscaria)

Der Hexengarten

In alten Märchen haben Hexen immer einen Garten. Kennen Sie noch das Märchen von Rapunzel? Eine Frau, die mit ihrer Tochter schwanger war, erblickte in dem von einer hohen Mauer umgebenen Nachbargarten, der einer mächtigen Zauberin gehörte, Rapunzelpflanzen. Sie bekam unbändige Lust darauf und ihr Mann musste ihr dieses Salatkraut stehlen gehen. Den Rest kennen Märchen erzählende Eltern: Das Mädchen im Turm, das lange goldene Haar, der Prinz. Und das alles nur, weil eine Frau den Genüssen eines Hexengartens nicht widerstehen konnte.

Frucht des Stechapfels (Datura stramonium)

Sollten Sie aber vorhaben, einen privaten Hexengarten anzulegen, wäre doch sehr zu empfehlen, diesen als „secret garden", als geheimen Garten, vielleicht von hohen Hecken umgeben anzulegen. Schließlich sind die meisten Hexenpflanzen tödlich giftig und daher sollte so ein Gärtchen nicht jedermann, vor allem nicht Kindern, zugänglich sein.

Stellt sich die Frage, wozu man überhaupt einen solchen Garten anlegen soll? Sicher nicht dazu, um die Ingredienzien für mögliche Hexensalbenversuche schnell zur Verfügung zu haben. Eine Motivation könnte sein, durch ein Giftgärtchen alle gefährlichen Pflanzen genauer kennen zu lernen.

Die Zusammenstellung der Pflanzen für dieses Gartenbeispiel beinhaltet daher auch viele Pflanzen wie Schneeglöckchen und Narzissen, die eigentlich keine Hexenpflanzen waren, von denen man aber wissen sollte, dass sie giftig sind. Es muss aber auch gesagt werden, dass allein das Betrachten von Nachtschattenpflanzen wie Tollkirsche, Bilsenkraut und Stechapfel eine besondere Faszination ausüben kann.

Wenn ein solcher Hexengarten in Form eines Pentagramms, dem Drudenfuß, angelegt wird, kann die zauberhafte Ausstrahlung noch verstärkt werden. Als kreisrunde Einfassung des Gärtchens nimmt man Zypressenkraut und an den Knotenpunkten zu Kugeln geschnittenen Buchs. Die Form des Drudenfußes wird mit Klinkerziegeln vorgegeben.

Im „Zentrum des Geschehens" wachsen dann die wahren Hexenpflanzen wie Tollkirsche, Eisenhut, Bilsenkraut, Stechapfel und das Krainer Tollkraut, das mit ähnlichen Wirkstoffen möglicherweise die Pflanze gewesen sein könnte, die von der Zauberin Kirke verwendet wurde, um die Gefährten des Odysseus zu verzaubern.

Wenn ein solcher Hexengarten mit dem entsprechenden Respekt, einem echten Interesse den Pflanzen gegenüber und Beobachtungsgabe angelegt wird, kann er zu einem zaubervollen Zentrum des Gartens werden.

Beetdurch-
messer: 6 m

Der Hexengarten

Nr.	Pflanze	Stückzahl
1	***Aconitum napellus,*** Eisenhut	3
2	***Atropa belladonna,*** Tollkirsche	4
3	***Hyoscyamus niger,*** Bilsenkraut	5
4	***Datura stramonium,*** Stechapfel (Rückschnitt notwendig, um Wuchs einzubremsen!)	5
5	***Datura metel,*** Stechapfel	5
6	***Scopolia carniolica,*** Krainer Tollkraut	4
7	***Circaea lutetiana,*** Hexenkraut	2
8	***Mandragora officinalis,*** Alraune	5
9	***Papaver orientale*** 'Sultana', Mohn	4
10	***Papaver nudicaule,*** Islandmohn	3
11	***Papaver somniferum,*** Schlafmohn	6
12	***Papaver rhoeas,*** Klatschmohn	3
13	***Paeonia officinalis*** 'Alba Plena' Pfingstrose	4
14	***Helleborus niger,*** Christrose	6
15	***Helleborus atrorubens,*** Schneerose	4
16	***Arum italicum,*** Aronstab	16
17	***Actaea spicata,*** Christophskraut	16
18	***Colchicum autumnale,*** Herbstzeitlose	15
19	***Narcissus poeticus,*** Dichternarzisse	9
20	***Galanthus nivalis,*** Schneeglöckchen	6
21	***Convallaria majalis,*** Maiglöckchen	12
22	***Digitalis purpurea,*** Fingerhut	4
23	***Hepatica nobilis,*** Leberblümchen	9
24	***Polygonatum odoratum,*** Salomonssiegel	4
25	***Dryopteris filix-mas,*** Wurmfarn	4
26	***Pulsatilla vulgaris,*** Kuhschelle	18
27	***Adonis aestivalis*** Sommerblutströpfchen	2
28	***Agrostemma githago,*** Kornrade	2
29	***Consolida regalis,*** Ackerrittersporn	2
30	***Santolina chamaecyparissus*** Zypressen-Heiligenkraut (Regelmäßiger Schnitt notwendig!)	30
31	***Eranthis hyemalis,*** Winterling	5
32	***Thuja,*** Thujen (ca. 30 lfm Hecke)	je nach Gr.

Zauberpflanzen für das Hexengärtchen

Einjährige und zweijährige Pflanzen

Name lateinisch, deutsch	Lebensdauer	Wuchshöhe in cm	Blütezeit (Monat)	Blütenfarbe	Standort
Adonis aestivalis, Sommerblutströpfchen	I	30	V – VIII	blutrot	○
Agrostemma githago, Kornrade	I	50	VI – VIII	violett-rosa	○
Conium maculatum, Gefleckter Schierling	II	100 – 200	VI – VIII	weiß	○–◐
Consolida regalis, Ackerrittersporn	I	40	VI – VIII	blau	○
Datura metel, Indischer Stechapfel	I	80 – 100	VI – VII	weiß	○–◐
Datura stramonium, Stechapfel	I	bis 60	VI – VII	weiß	○
Digitalis purpurea 'Gloxiniaeflora' Fingerhut	II–A	bis 150	VI – VII	rot, rosa	○–◐
Hyoscyamus niger, Bilsenkraut	I – II	30 – 60	VII – IX	gelb	○
Papaver rhoeas, Klatschmohn	I	60	VI – VII	gelb, rosa, rot	○–◐
Papaver somniferum, Schlafmohn	I	bis 80	VI – VIII	rosa	○

Ausdauernde Pflanzen

Name lateinisch, deutsch	Lebensdauer	Wuchshöhe in cm	Blütezeit (Monat)	Blütenfarbe	Standort
Aconitum napellus, Eisenhut	A	80 – 120	VII – VIII	dunkelblau	○–◐
Actaea spicata, Christophskraut	A	30 – 60	V – VI	weiß	○–◐
Arum italicum Aronstab	A	30	V – VI	grünlichweiß orangeroter Fruchtstand	◐–●
Atropa belladonna, Tollkirsche	A	bis 150	VI – VIII	braunviolett	○–◐
Circaea lutetiana, Hexenkraut	A	20 – 60	VII – VIII	weiß-rosa	○–◐
Colchicum autumnale, Herbstzeitlose	A	5 – 20	VIII – X	rosa-lila	○
Convallaria majalis, Maiglöckchen	A	20	V – VI	weiß	◐–●
Dryopteris filix-mas, Wurmfarn	A	80	–	–	◐–●
Galanthus nivalis, Schneeglöckchen	A	30	II – III	weiß	○–◐

I = einjährig, II = zweijährig, A = ausdauernd

Name lateinisch, deutsch	Lebens- dauer	Wuchshöhe in cm	Blütezeit (Monat)	Blütenfarbe	Standort
Helleborus atrorubens Schneerose, Nieswurz	A	20	II – III	rot	◐ – ●
Helleborus niger, Christrose	A	20	XII – III	weiß	◐ – ●
Hepatica nobilis, Leberblümchen	A	10	III – V	blau	◐ – ●
Mandragora officinarum, Alraune	A	20 – 20	III – IV	bläulich	○ – ●
Narcissus poeticus, Dichternarzisse	A	60	IV – V	weiß	○
Papaver nudicaule, Mohn	A	40	V – VIII	orange, gelb, rosa, rot	○ – ◐
Papaver orientale 'Königin Alexandra' Mohn	A	80	VI – VII	lachsrosa	○ – ◐
Paeonia officinalis 'Alba Plena' Bauernpfingstrose	A	60	V – VI	weiß	○ – ◐
Polygonatum odoratum, Salomonssiegel	A	50	V – VI	weißlich	◐ – ●
Pulsatilla vulgaris, Kuhschelle	A	15	III – IV	hellviolett	○
Scopolia carniolica, Krainer Tollkraut	A	50	IV – V	weißlich	◐ – ●
Valeriana officinalis, Echter Baldrian	A	bis 150	VII – IX	weiß-rosa	○ – ◐

Der wahre Zaubergarten – eine Betrachtung über den Zauber der Gärten

Wir sind aus einem Garten vertrieben, so erzählt es die biblische Geschichte. Seither suchen wir das Paradies. Als ein Hauch Paradies auf Erden wurden im alten Persien Gärten betrachtet. Das Wort Paradies leitet sich von pairidaeza ab, was soviel bedeutet wie „eingefriedeter Garten", das kleine Paradies, das durch Mauern von der Wildnis draußen getrennt ist.

Gärten sind also menschliche Schöpfungen und als solche nicht zweckfrei. Jeder hat seine eigenen Vorstellungen vom Nutzen, den der Garten bringen soll: Nahrungsquelle, Erholung oder einfach nur Schönheit.

In einer Welt, die von Stress verschiedenster Art geprägt ist, wird immer deutlicher, dass Gärten Oasen sein sollten, Zufluchtsstätten, Orte des Friedens und der geistigen Entspannung. Gärten erinnern uns an unsere Wurzeln, stellen unsere Sinne wieder her, beruhigen unsere Seelen und flößen uns einen Sinn für Freude ein.

Zu einem Zaubergarten kann unser kleines Paradies werden, wenn wir Pflanzen setzen, die uns Geschichten erzählen. Zauberkräfte entfalten Pflanzen oft allein dadurch, dass wir uns mit ihnen umgeben. Ihre Ausstrahlung kann vielleicht helfen, unseren verschütteten sechsten Sinn wieder zu wecken.

Der wahre Zaubergarten ist ein Garten, in dem Pflanzen miteinander wuchern und blühen, aber auch welken und vergehen können. Wenn man den Pflanzen die Möglichkeit zu freier Entfaltung lässt, danken sie es uns mit einer Fülle von Überraschungen.

In meinem Garten samen sich in manchen Jahren die Akeleien, die auch Elfenhandschuh genannt werden, so intensiv aus, dass mein Garten zu einem Elfenreich in zartesten Farbtönen wird. In anderen Jahren vermehren sich die Nachtviolen so, dass die Nächte erfüllt von ihrem süßen Duft durch ihre zartvioletten Farben zu leuchten beginnen. Ein Beet in meinem Garten ist den „Ackerunkräutern" gewidmet. Im Vorjahr war es ein blutrotes Meer von Klatschmohn mit einigen blauen Kornblumentupfern. Wie schön, dass passend zum Thema dieses Buches mich meine Lieblingspflanze, das düstere Bilsenkraut, in diesem Jahr mit überwältigender Fülle erfreut hat, nur unterbrochen von lieblichen Stechapfelblüten und dem zarten Grün des Schierlings. Für mich ist mein Garten ein Zauberreich, ein Ort, der mich ständig aufs Neue bezaubert.

Miriam Wiegele,
November 2002

~ MASSNAHMEN BEI VERGIFTUNGEN ~

Versuchen, die Giftquelle zu finden und die nächste Vergiftungszentrale anrufen:

Österreich: Vergiftungsinformationszentrale
+43(0)1/434343

BRD: Hier gibt es viele lokale Informationszentren, Informationszentrale gegen Vergiftungen in Bonn:
+49(0)228/287-3111 u. 3333

Schweiz: Schweizerisches Toxikologisches Informationszentrum
+41(0)1/25-15151

- **Reichlich Wasser zum Trinken geben (keine kohlensäurehaltigen Getränke und auf keinen Fall Milch)**
- **Als Universal-Gegenmittel sollte in jedem Haushalt Medizinal-Kohle zum Binden der Gifte und damit zur Verhinderung der Aufnahme der Gifte ins Blut zur Verfügung stehen: 10–20 Kohle-Tabletten oder 20–30 g Kohle-Pulver geben.**
- **Auf keinen Fall Erbrechen hervorrufen, eventuell Erbrochenes dagegen zum Identifizieren aufbewahren.**
- **Bei Bewusstlosigkeit in stabile Seitenlage bringen und in jedem Fall den Notarzt rufen.**

Heil-, Wirk- und Giftpflanzen in Haus und Garten

Bäume	Sträucher
Eibe *(Taxus baccata)*, ganze Pflanze, bes. Nadeln +++ **Götterbaum** *(Ailanthus altissima)*, Samen, Rinde + **Robinie** *(Robinia pseudoacacia)*, Rinde, Früchte, außer Blüten ++ **Rosskastanie** *(Aesculus hippocastanum)*, unreife Früchte und Samenschalen (+) **Scheinzypresse** *(Chamaecyparis* spec.*)*, ganze Pflanze + **Lebensbaum** *(Thuja occidentalis)*, ganze Pflanze +++ **Trompetenbaum** *(Catalpa bignonoides)*, ganze Pflanze (+) **Wacholder** *(Juniperus sabina, virginiana)*, ganze Pflanze +++	**Berberitze** (*Berberis* spec.), ganze Pflanze, bes. Wurzel, außer Früchte + **Berglorbeer** *(Kalmia latifolia)*, Blätter + **Blasenstrauch** *(Colutea arborescens)*, Blätter, Samen + **Bocksdorn** *(Lycium barbarum)*, ganze Pflanze ++ **Buchsbaum** *(Buxus sempervirens)*, Blätter, Früchte ++ **Erbsenstrauch** *(Caragana arborescens)*, ganze Pflanze (+) **Ginster** (*Cytisus scoparius* u.a.), ganze Pflanze + **Goldregen** (*Laburnum* spec.), ganze Pflanze, bes. Samen +++ **Heckenkirsche** *(Lonicera xylosteum)*, Beeren + **Kirschlorbeer** *(Prunus laurocerasus)*, ganze Pflanze, bes. Blätter +

(+) leicht giftig   + giftig   ++ stark giftig   +++ sehr stark giftig, in geringen Mengen lebensgefährlich

Heil-, Wirk- und Giftpflanzen in Haus und Garten

Lavendelheide *(Pieris japonica)*, ganze Pflanze +
Liguster *(Ligustrum vulgare)*, Rinde, Blätter, Beeren +
Mahonie *(Mahonia aquifolium)*, ganze Pflanze +
Perückenstrauch *(Cotinus coggygria)*, ganze Pflanze (+)
Rhododendron (*Rhododendron* spec.), ganze Pflanze +
Rosmarinheide *(Andromeda polifolia)*, Blätter ++
Schneeball (*Viburnum* spec.), Rinde, Blätter +
Schneebeere *(Symphoricarpus albus)*, Beeren +
Schnurbaum *(Sophora japonica)*, Rinde, Früchte ++
Seidelbast (*Daphne* spec.), ganze Pflanze, bes. Beeren +++
Skimmie *(Skimmia japonica)*, ganze Pflanze (+)
Spindelstrauch (*Euonymus* spec.), Früchte ++
Stechpalme *(Ilex aquifolium)*, Blätter, Beeren ++
Sumpfporst (*Ledum* spec.), Blätter +
Die Früchte von Feuerdorn (*Pyracantha coccinea)*, **Faulbaum** *(Rhamnus frangula)*, **Kreuzdorn** *(Rhamnus cath-articus)* und **Eberesche** *(Sorbus aucuparia)* **sowie die unreifen Früchte von Holunder** (*Sambucus nigra* und *racemosa*) gelten als schwach giftig und können heftiges Erbrechen und Durchfall auslösen.

Kletterpflanzen

Blauregen *(Wisteria sinensis)*, Zweige, Rinde, Früchte +
Efeu *(Hedera helix)*, Blätter, Beeren +
Geißblatt (*Lonicera* spec.), Beeren +
Schmerwurz *(Tamus communis)*, ganze Pflanze, bes. Beeren +
Waldrebe (*Clematis* spec.), ganze Pflanze +
Wilder Wein *(Parthenocissus quinquefolia)*, bes. Beeren +

Einjährige Kletterpflanzen

Duftwicke *(Lathyrus odoratus)*, Samen +
Trichterwinde (*Ipomoea* spec.), Samen ++ halluzinogen

Gartenstauden

Adlerfarn *(Pteridium aquilinum)*, ganze Pflanze, vor allem junge Schösslinge +
Akelei (*Aquilegia* spec.), ganze Pflanze, bes. Samen +
Alraune (*Mandragora* spec.)., bes. Wurzel +++
Aronstab (*Arum* spec.), ganze Pflanze, Beeren +++
Blutwurz *(Sanguinaria canadensis)*, ganze Pflanze, Milchsaft ++
Buschwindröschen (*Anemone nemorosa* u.a.), ganze Pflanze +
Christophskraut *(Actaea spicata)*, Beeren, Samen (+)
Cyclamen *(Cyclamen purpurascens)*, Knolle +
Eisenhut (*Aconitum* spec.), ganze Pflanze, bes. Knolle (0,2 g!), Blumenwasser +++
Federmohn *(Macleaya cordata)*, ganze Pflanze +
Fingerhut (*Digitalis* spec.), ganze Pflanze, bes. Blätter (0,3g!) +++
Frühlings-Adonisröschen *(Adonis vernalis)*, ganze Pflanze ++
Germer (*Veratrum* spec.), ganze Pflanze ++
Haselwurz *(Asarum europaeum)*, ganze Pflanze +
Immergrün (*Vinca* spec.), ganze Pflanze +
Judenkirsche *(Physalis alkekengi)*, ganze Pflanze, außer Beeren +
Kermesbeere *(Phytolacca americana)*, Samen, +
Krainer Tollkraut *(Scopolia carniolica)*, ganze Pflanze +++
Kuhschelle (*Pulsatilla* spec.), ganze Pflanze +
Leberblümchen *(Hepatica nobilis)*, ganze Pflanze +
Lerchensporn (*Corydalis* spec.), Knolle +
Pfingstrose (*Paeonia* spec.), ganze Pflanze (+)
Riesenbärenklau *(Heracleum mantegazzianum)*, ganze Pflanze + hautschädigend
Rittersporn *(Delphinium-*Arten), ganze Pflanze +++
Salomonssiegel (*Polygonatum* spec.), ganze Pflanze, Beeren +
Schneerose (*Helleborus* spec.), ganze Pflanze +++
Seidenpflanze (*Asclepias* spec.), ganze Pflanze, Milchsaft +
Tollkirsche *(Atropa belladonna)*, ganze Pflanze +++
Tränendes Herz *(Dicentra spectabilis)*, ganze Pflanze, bes. Wurzel +

Heil-, Wirk- und Giftpflanzen in Haus und Garten

Trollblume *(Trollius europaeus)*, ganze Pflanze +
Waldlilie (*Trillium* spec.), ganze Pflanze, bes. Wurzelstock +
Weinraute *(Ruta graveolens)*, Blätter, (+) hautreizend
Winterling *(Eranthis hyemalis)*, ganze Pflanze ++
Wolfsmilch *(Euphorbia* spec.), Milchsaft ++
Wurmfarn *(Dryopteris filix-mas)*, Rhizom +

Teich

Dotterblume *(Caltha palustris)*, ganze Pflanze, außer Blüten +
Drachenwurz *(Calla palustris)*, ganze Pflanze, bes. Beeren +
Gelbe Teichrose *(Nuphar lutea)*, ganze Pflanze, bes. Rhizom +
Gottesgnadenkraut *(Gratiola officinalis)*, ganze Pflanze ++
Seerose (*Nymphaea* spec.), ganze Pflanze +
Sumpf-Schwertlilie *(Iris pseudacorus)*, bes. Rhizom + hautreizend
Sumpfwolfsmilch *(Euphorbia palustris)*, ganze Pflanze, Milchsaft ++
Zungenhahnenfuß *(Ranunculus lingua)* +

Zwiebelpflanzen

Herbstzeitlose (*Colchicum* spec.), ganze Pflanze, bes. Knollen und Samen +++
Kaiserkrone (*Fritillaria imperialis, meleagris* u.a.), Zwiebel +
Knotenblumen (*Leucojum* spec.), Zwiebel Blätter +
Maiglöckchen *(Convallaria majalis)*, ganze Pflanze, bes. Blüten und Frucht +++
Milchstern (*Ornithogalum* spec.), Zwiebel +
Narzissen (*Narcissus* spec.), ganze Pflanze, bes. Zwiebel, Blumenwasser + hautreizend
Schneeglöckchen (*Galanthus* spec.), ganze Pflanze +
Schneestolz *(Chionodoxa luciliae)*, Zwiebel, Samen +
Tulpen (*Tulipa* spec.), ganze Pflanze, bes. Zwiebel + hautreizend

Ein- und zweijährige Gartenpflanzen

Giftbeere *(Nicandra physaloides)*, ganze Pflanze +
Goldlack *(Cheiranthus cheiri)*, ganze Pflanze +
Goldmohn *(Eschscholzia californica)*, ganze Pflanze +
Mohn (*Papaver* spec.), ganze Pflanze, bes. Milchsaft + bis +++
Rittersporn, einjährig (*Consolida* spec.), ganze Pflanze, bes. Samen +
Schleifenblume *(Iberis amara)*, ganze Pflanze, bes. Samen +
Schnee-auf-dem-Berg *(Euphorbia marginata)*, Milchsaft + hautreizend
Spinnenpflanze *(Cleome pungens)*, bes. Samen +
Wunderbaum *(Ricinus communis)*, Samen +++
Ziertabak (*Nicotiana* spec.), ganze Pflanze +++

Kübelpflanzen

Agave (*Agave* spec.), Pflanzensaft, (+) hautreizend
Betelnusspalme *(Areca catechu)*, Früchte, Samen +
Drachenbaum (*Dracaena* spec.), Blätter +
Engelstrompete (*Datura/Brugmansia* spec.), ganze Pflanze +++
Hammerstrauch (*Cestrum* spec.), Blätter, Früchte +
Jap. Goldorange *(Aucuba japonica)*, ganze Pflanze +
Korallenstrauch *(Erythrina crista-galli)*, ganze Pflanze, Samen ++
Meerzwiebel *(Charybdis(Urginea)maritima)*, ganze Pflanze, bes. Zwiebel ++
Oleander *(Nerium oleander)*, ganze Pflanze +++
Palmfarn *(Cycas revoluta)*, Wurzeln, Samen +
Schmucklilie *(Agapanthus umbellatus)*, Zwiebel +
Wandelröschen (*Lantana*-Hybriden), ganze Pflanze, bes. Früchte +

Heil-, Wirk- und Giftpflanzen in Haus und Garten

Wildpflanzen

(Pflanzen, die entweder als Unkräuter gelten oder nicht als „gartenwürdig" erscheinen):

Acker-Gauchheil *(Anagallis arvensis)*, ganze Pflanze, bes. Wurzel +
Bilsenkraut (*Hyoscyamus* spec.), ganze Pflanze +++
Bingelkraut (*Mercurialis* spec.), ganze Pflanze (+)
Bittersüßer Nachtschatten *(Solanum dulcamara)*, ganze Pflanze, Beeren ++
Blutströpfchen *(Adonis aestivalis)*, ganze Pflanze ++
Einbeere *(Paris quadrifolia)*, ganze Pflanze, Beeren +
Erdrauch *(Fumaria officinalis)* ganze Pflanze +
Gift-Lattich *(Lactuca virosa)*, ganze Pflanze, Milchsaft ++
Hahnenfuß (*Ranunculus* spec.), ganze Pflanze + hautreizend, allergen
Hanf *(Cannabis sativa)*, ganze Pflanze +
Hundspetersilie *(Aethusa cynapium)*, ganze Pflanze +++
Kornrade *(Agrostemma githago)*, ganze Pflanze, Samen ++
Löwenzahn *(Taraxacum officinalis)*, Milchsaft (+) hautreizend
Mistel *(Viscum album)*, Früchte (+)
Nachtschatten *(Solanum nigrum)*, ganze Pflanze, außer Beeren ++
Osterluzei *(Aristolochia clematitis)*, ganze Pflanze +
Rainfarn (*Chrysanthemum vulgare)*, ganze Pflanze +
Scharbockskraut *(Ranunculus ficaria)*, Blätter nach Blüte +
Schierling *(Conium maculatum)*, ganze Pflanze +++
Schöllkraut *(Chelidonium majus)*, ganze Pflanze, Milchsaft +
Schwalbenwurz *(Vincetoxicum hirundinaria)*, ganze Pflanze +
Stechapfel *(Datura stramonium)*, ganze Pflanze +++
Zaunrübe (*Bryonia* spec.), bes. Wurzeln und Beeren ++

Zimmerpflanzen

Amaryllis (*Hippeastrum*-Hybriden), ganze Pflanze, bes. Zwiebel ++ hautreizend
Azalee *(Rhododendron simsii)*, ganze Pflanze +
Christusdorn *(Euphorbia milii)*, Milchsaft + hautreizend
Cinerarie (*Senecio*-Hybriden), ganze Pflanze +
Clivia *(Clivia miniata)*, ganze Pflanze +
Baumfreund (*Philodendron* spec.), Blätter (+) hautreizend, allergieauslösend
Becherprimel *(Primula obconica)*, ganze Pflanze + allergieauslösend
Bogenhanf *(Sansevieria trifasciata)*, ganze Pflanze ++
Efeutute (*Scindapsus pictus* und *Epipremnum pinnatum*), Blätter +
Einblatt *(Spatiphyllum floribundum)*, ganze Pflanze +
Feigenbaum (*Ficus* spec., bes. *benjamina*), ganze Pflanze (+) allergieauslösend
Fensterblatt *(Monstera deliciosa)*, ganze Pflanze außer Fruchtfleisch d. Blütenzapfen +
Flamingoblume (*Anthurium*-Hybriden), Blätter +
Flammendes Käthchen *(Kalanchoë blossfeldiana)*, ganze Pflanze +
Gynura *(Gynura scandens)*, ganze Pflanze +
Kaladie (*Caladium*-Hybriden), ganze Pflanze +
Katzenschwanz (*Acalypha*-Arten), Milchsaft +
Kolbenfaden *(Aglaonema commutatum)*, ganze Pflanze +++
Korallenbäumchen *(Solanum pseudocapsicum)*, ganze Pflanze, Beeren +
Kroton (*Codiaeum* spec.), ganze Pflanze +
Ruhmeskrone *(Gloriosa superba)*, bes. Knolle ++
Schweigrohr (*Dieffenbachia* spec.), ganze Pflanze +++ stark hautreizend
Weihnachtsstern *(Euphorbia pulcherrima)*, ganze Pflanze, Milchsaft + hautreizend
Zimmeraralie *(Fatsia japonica)*, ganze Pflanze +
Zimmercalla (*Zantedeschia aethiopica)*, ganze Pflanze +

Literaturquellen
und weiterführende Literatur

ABRAHAM, Hartwig; THINNES, Inge: Hexenkraut und Zaubertrank. *Unsere Heilpflanzen in Sagen, Aberglauben und Legenden.* Urs-Freund-Verlag, 3. Aufl., Greifenberg 1997

BEUCHERT, Marianne: Symbolik der Pflanzen. *Von Akelei bis Zypresse.* Insel-Verlag, 2. Aufl., Frankfurt/Main 1996

DUERR, Hans Peter: Traumzeit. *Über die Grenze zwischen Wildnis und Zivilisation.* Syndikat-Verlag, Frankfurt/Main 1978

ENGEL, Fritz-Martin: Zauberpflanzen. *Pflanzenzauber.* Landbuch-Verlag, Hannover 1978

FISCHER, Susanne: Medizin der Erde. *Legenden, Mythen, Heilanwendung und Betrachtung unserer Heilpflanzen.* Hugendubel, München 1984

GENDERS, Roy: Flowers and Herbs of Love. Darton, Longman and Todd, London 1978

GRIMM, Jacob: Deutsche Mythologie. Bd. II. ADEVA, Graz 1968 (urspr.: Meyer, Berlin 1875–78)

HAERKÖTTER, Gerda und Marlene: Hexenfurz und Teufelsdreck. *Liebes-, Heil- und Giftkräuter. Hexereien, Rezepte, Geschichten.* Eichborn-Verlag, Frankfurt/Main 1986

HANSEN, Harold A.: Der Hexengarten. Dianus Trikont, München 1980

KÖSTLER, Gisela: Wurzelsepp und Kräuterweibl. Verlag Kremayr und Scheriau, Wien 1981

MÜLLER-EBELING, Claudia; RÄTSCH, Christian; STORL, Wolf-Dieter: Hexenmedizin. *Die Wiederentdeckung einer verbotenen Heilkunst – schamanische Traditionen in Europa.* AT-Verlag, Aarau 1998

PERGER, Anton von: Deutsche Pflanzensagen. Schaber-Verlag, Stuttgart u.a. 1864

RÄTSCH, Christian: Lexikon der Zauberpflanzen. VMA-Verlag, Graz 1988

RÄTSCH, Christian: Pflanzen der Liebe. *Aphrodisiaka in Mythos, Geschichte und Gegenwart.* Hallwag, Bern 1990

RIPPE, Olaf; MADEJSKY, Margret; AMANN, Max u.a.: Paracelsusmedizin. *Altes Wissen in der Heilkunst von heute. Philosophie. Astrologie. Alchemie. Therapiekonzepte.* AT-Verlag, Aarau 2001

ROTH, L.; DAUNDERER, M.; KORMANN, K.: Giftpflanzen – Pflanzengifte. Nikol-Verlag, 4. Aufl., Hamburg 1994

SCHERF, Gertrud: Zauberpflanzen, Hexenkräuter. *Mythos und Magie heimischer Wild- und Kulturpflanzen.* BLV-Verlag, München 2002

SPRENGER, Jakob; INSTITORIS, Heinrich: Der Hexenhammer. *Malleus maleficarum.* Dtv, München 1982

STORL, Wolf-Dieter: Vom rechten Umgang mit heilenden Pflanzen. *Das vergessene Wissen der weisen Frauen und Wurzelkundigen.* Auer-Verlag, Freiburg im Breisgau 1986

WIEGELE, Miriam: Geschichten von Blumen und Kräutern. *Ein Märchenbuch für Jung und Alt.* Norka-Verlag

Bezugsquellen

Österreich

Sarastro, Christian Kreß, Ort 131, A-4974 Ort/Innkreis
www.sarastro-stauden.com
(großes Angebot an Gartenstauden, darunter viele Raritäten)

Stauden Feldweber, A-4974 Ort/Innkreis 139
www.feldweber.com
(sehr umfassendes Angebot an Gartenstauden)

Gartenbau Wagner, Gutendorf 38, A-8353 Kapfenstein
www.gartenbauwagner.at
(gut sortiertes Angebot an Kräutern, darunter auch Zauberkräuter)

Naturgarten, Andreas Lechnerstr. 5, A-1140 Wien
www.naturgarten.at, *(großes Angebot an Wildpflanzen, darunter auch Hexenkraut, Allermannsharnisch etc.)*

DI Alexander Mrkvicka, Siebzehn-Föhren-G. 7,
A-2380 Perchtoldsdorf, www.hobbies.privateweb.at
(bietet Samen von schwer erhältlichen Pflanzen wie Teufelsabbiss, Hexenkraut etc. an)

Voitsauer Wildblumensamen, A-3623 Voitsau 8
www.wildblumensaatgut.at, *(großes Saatgutangebot von Wildpflanzen wie Hexenkraut, Teufelsabbiss etc.)*

Deutschland

Rühlemanns Kräuter & Duftpflanzen, Auf dem Berg 2,
D-27367 Horstedt, www.ruehlemanns.de
(beeindruckendes Angebot an exotischen und heimischen Heilpflanzen und Samen, darunter viele außergewöhnliche Zauberpflanzen)

Raritäten-Gärtnerei, D-943471 Arnbruck
www.pflanzentreml.de, *(großes Angebot an exotischen und heimischen Heilpflanzen, darunter viele Zauberkräuter)*

Blumenschule, Augsburger Str. 62, D-86956 Schongau
www.blumenschule.de, *(gut sortierter Kräutergärtner, darunter viele Zauber- und Giftpflanzen)*

Staudengärtnerei Gaissmayer, Jungviehweide 3,
D-89257 Illertissen, www.gaissmayer.de
(große Staudengärtnerei, auch Zauberpflanzen)

Botanischer Alpengarten, D-88132 Lindau/Bodensee
Tel. +49(0)8382-5402
(Alpenpflanzen, darunter auch viele Zauberpflanzen)

Blauetikett Bornträger, D-67591 Offstein
demnächst: www.blauetikett.de, *(großes Samen- und Pflanzenangebot von Wildpflanzen und Kräutern)*

Hof Berg-Garten, D-79737 Großherrischwand
www.hof-berggarten.de, *(best sortiertes Samenangebot von Wildpflanzen, darunter viele Zauberkräuter)*

Ausland

Richters, The Herb Specialist, Goodwood, Ontario, LOC 1AO, Canada, www.Richters.com
(weltweit größtes Angebot an Heil-, Gewürz- und auch Zauberpflanzen)

Chiltern Seeds, Bortree Stile, Ulverston, Cumbria LA12 7PB, England, www.chilternseeds.co.uk
(beeindruckendes Samenangebot von Pflanzen rund um den Erdball)

J.L.Hudson, Box 337, La Honda, California, 94020 U.S.A.
www.jlhudsonseeds.net
(interessantes Samenangebot, darunter auch mexikanische)

Keramikobjekte

Die Maske im apotropäischen Blumentopf in meinem Garten stammt von einer burgenländischen Keramikkünstlerin:
Uschi Schönleitner, Allersgraben 1, A-7481 Stadtschlaining,
Tel. +43 (0) 650/5805817
Weitere Keramikwerkstätten und Töpfermärkte findet man unter: www.toepfermaerkte.at und www.toepfermaerkte.de

Impressum

Umschlagfotos:
Titelbild: Böswirth, Wien
Rückseite: Laux, Biberach an der Riß

Die Deutsche Bibliothek – CIP-Einheitsaufnahme
Die Deutsche Bibliothek verzeichnet diese Publikationen in der Deutschen Nationalbibliografie; detaillierte bibliografische Daten sind im Internet über http://dnb.ddb.de abrufbar.

Haftungsausschluss

In diesem Buch werden Hinweise zu naturheilkundlichen Anwendungen gegeben. Für die Richtigkeit der Angaben, im Speziellen für gesundheitliche Schäden aufgrund unsachgemäßer Anwendung von Heil-, Wirk- und Giftpflanzen, wird trotz sorgfältiger Recherchen von der Autorin und den Verlagen keine Haftung übernommen.

Projektleitung: Veronika Schubert, Österreichischer Agrarverlag

Lektorat und Redaktion: Monika Lach, Elke Papouschek, Veronika Schubert

Korrektorat: Bettina Jakl-Dresel

Umschlag der Ausgabe des Österreichischen Agrarverlags: GSB Graphikdesign Smitty Brandner

Umschlag der Ausgabe des Verlags Eugen Ulmer: Grafikbüro Wilde2, Stuttgart

Grafische Gestaltung & Satz: GSB - Graphikdesign Smitty Brandner

Fachbeirat: Christian Kreß

Illustrationen: Peter Bürger

Bildreproduktion: Dominici Werbeagentur

Druck und Bindung: AV Druck plus GmbH, Wien

Printed in Austria

ISBN (Österreich): 3-7040-1943-7
ISBN (Deutschland): 3-8001-4196-5

Bildquellen

Alle Bilder Laux ausgenommen

Böswirth & Thinschmidt: 3, 7, 11, 20/21, 25, 33, 43, 46, 48/49, 50, 51 beide, 52, 53, 55, 58, 61, 62, 71, 75, 76/77, 89, 125, 140, 141

Buchter: 1, 14 rechts, 27, 29, 34/35, 44, 47 links, 63, 64, 65, 124, 132/133, 138

Ergänzende Bildtexte:

2: Himmelschlüssel *(Primula veris)*,
6: Pimpernuss *(Staphylea pinnata)*,
8/9: Christrose *(Helleborus niger)*,
34/35: Ringelblumen *(Calendula officinalis)*,
87: Holunder *(Sambucus nigra)*,
105: Bibernelle *(Pimpinella major)*
132/133: Bilsenkraut *(Hyoscyamus niger)*,
153: Tollkirsche *(Atropa belladonna)*,
157: Farn *(Dryopteris filix-mas)*,
160: Feuerlilie *(Lilium bulbiferum)*

(Nummern geben Seitenzahlen an)